Strukturelle Rationalität

Ein philosophischer Essay über praktische Vernunft

Julian Nida-Rümelin

理性与责任

实践理性的两个基本概念

[德] 朱利安·尼达-诺姆林 著   迟帅 译

北京大学出版社
PEKING UNIVERSITY PRESS

著作权合同登记号 图字：01-2016-1067

图书在版编目（CIP）数据

理性与责任：实践理性的两个基本概念 /（德）尼达 - 诺姆林著；迟帅译. —北京：北京大学出版社，2017.9
（雅努斯思想文库）
ISBN 978-7-301-28074-4

Ⅰ.①理… Ⅱ.①尼… ②迟… Ⅲ.①实践论 Ⅳ.① B023

中国版本图书馆 CIP 数据核字（2017）第 026472 号

© 2001 Philipp Reclam jun. GmbH & Co. KG, Stuttgart

书　　名	理性与责任：实践理性的两个基本概念 LIXING YU ZEREN
著作责任者	[德] 朱利安·尼达 - 诺姆林 著　迟　帅 译
责任编辑	张晓辉　周　彬　张文华
标准书号	ISBN 978-7-301-28074-4
出版发行	北京大学出版社
地　　址	北京市海淀区成府路 205 号　100871
网　　址	http://www.pup.cn　新浪微博：@北京大学出版社　@培文图书
电子信箱	pkupw@qq.com
电　　话	邮购部 62752015　发行部 62750672　编辑部 62750883
印刷者	三河市国新印装有限公司
经销者	新华书店
	880 毫米 ×1230 毫米　32 开本　7.25 印张　121 千字 2017 年 9 月第 1 版　2017 年 9 月第 1 次印刷
定　　价	48.00 元

未经许可，不得以任何方式复制或抄袭本书之部分或全部内容。
版权所有，侵权必究
举报电话：010-62752024　电子信箱：fd@pup.pku.edu.cn
图书如有印装质量问题，请与出版部联系，电话：010-62756370

目 录

中文版序　*III*

第一部分　结构性理性　*1*

导　论　*3*

第一章　信念行为　*11*

第二章　行动自由　*26*

第三章　行动结构　*37*

第四章　行动原因　*53*

第五章　合　作　*63*

第六章　交　流　*75*

第七章　结构性意图　*88*

第八章　意志薄弱和行动责任　　102

第九章　连贯性和结构性理性　　115

第二部分　责　任　133

第十章　行动责任　　135

第十一章　信念责任　　149

第十二章　态度责任　　162

第十三章　责任和个人身份　　167

第十四章　后果责任　　174

第十五章　合作责任　　189

第十六章　法团责任　　195

第十七章　道德责任　　206

译后记　　220

中文版序

哲学首先是关于理性的理论。知识论澄清理论理性的准则，伦理学解释的是实践理性的标准。知识论和伦理学并非互不相干，因为理论理性和实践理性相互依赖。哲学上关于逻辑学、物理学和伦理学的划分，早在古希腊斯多葛派时期就已产生；这种区分原则上是充分的，只是今天其中最大一块的物理学被从哲学中抽取出来作为自然科学（物理学、化学、生物学等）存在，哲学只保留了知识论，包括将科学哲学以及自然科学知识融合成一个连贯的世界观，这一任务同时代的哲学未能充分跟进。

同样实践哲学中也抽出了各个学科，像政治科学或者社会学，而哲学保留了伦理学的三个领域：元伦理学研究道德表达的意义，研究道德信念正当化（Rechtfertigung）的可能性；规范伦理学阐明正确行为的标准；应用伦理学致力于确定的人类行动领域，如生态伦理学处理的是人类同自然的交往。社会哲学或政治哲学从最宽泛的意义上讲，同样可以算作伦理学。

逻辑学致力于推理，研究推断和论证的形式属性。语言哲学和科学哲学可被纳入逻辑学范畴。

本书处理的是有关实践哲学的两个基本概念。这些概念的产生并非历史性的，而是系统性地发展而来，对此并不需要预先准备专门的哲学基础知识。然而这项研究并非入门性的，而是针对同期西方哲学中关于实践理性和责任的主流观点提供了一项系统性替代方案。主流观点理解人的行动在理性条件下意愿最优化是在给定的认识论前提和责任下，这种责任仅仅是后果责任，因而是自己行为可以预见的后果所负的责任。这些有关人的实践理性原子式的主观理解，导致了大量两难困境和似是而非。这些难题在同时期的博弈论（game theory）和集体选择（collective choice）的逻辑学中得到了详细解析。没有这些分析，主导的标准观点恐怕会有变化。

我在早期的著作里详细地处理了这个标准看法的问

题，而在本书中我将提出另外一种概念，它将实践原因（Gründe）[1]的客观主义与正当化的渐进主义（Gradualismus）和整体论［Holismus，有人也会说实用主义（Pragmatismus）］联系起来。它不但反对标准观点的主观主义（Subjektivismus），还反对它的对手即理性主义（Rationalismus）观点。这项构思最可能表明与古代斯多葛学派的一致性，同样也合于亚里士多德学派和儒家思想。没有这些思想传统，这里我也不能够进一步阐释这些概念。

有时我用"结构性理性"来表达我的观点，它是为了阐明实践理性必须考虑人的行为在时间和人际维度的结构面向。我赞同一个一般性的实践，这一事实是我能为这一

---

[1] "Gründe"通常翻译成动机，而它还有原因的意思，一般也可以翻译为原因、理由、事由。为了统一前后认识，既照顾人们行动的内在考虑，同时考虑到符合中文的表达习惯，本书偶用动机翻译"Gründe"，而特指动机的词又包括"Motive"、"Motivation"等，偶尔会有重合，请读者注意。德语中的"Grund"原意为基础，兼有原因与动机之分，其实这在所谓客观主义、主观主义以及理性主义等理论中成为争论的焦点之一，同样在现象学及现象学社会学解释中也有细致的划分，如胡塞尔、阿尔弗雷德·舒茨的理论，可参考舒茨《社会世界的现象学》(The Phenomenology of the Social World)。作者文中类似"Begründen"、"Begründung"，在德语中表示根据、建立基础、论证之意，根据上下文酌情翻译，后面不一一介绍。——译注

实践做出贡献的一个好的理由。康德在其关于绝对命令（Kategorischen Imperativ）[1]的著作里引出了这一洞见，但却错误地将其作为先验原则进行理解，即所谓它与我们的目的内容并不相关，而是以逻辑学的形式规则起作用。对于康德而言，人类行为在道德与非道德领域有所脱节，在道德领域重视道德准则，而在道德领域以外则按自己的幸福行事（实用命令，pragmatische Imperative），这一二分法导致混乱。人的行为无论在个人内部还是人际之间，都构成一个统一单元；它是由动机的多样性引导，而非单个行为动机，同样也不能将其简化为有关自我幸福的考虑。这些动机安置各种结构在我们不同的生活方式中，从而促成我们实践的内部连贯性。

朱利安·尼达-诺姆林
写于那不勒斯，2014 年 8 月

---

[1] 又译作定言命令、定言令式，是康德在 1785 年出版的《道德形而上学的奠基》（*Grundlegung zur Metaphysik der Sitten*）一书中所提出的哲学概念。具体可参见《康德著作全集·第 4 卷》，中国人民大学出版社，2005 年。——译注

第一部分
结构性理性

导 论

有人想为实践理性的理论介绍一套方案，这一做法是可行的，就像在一些情况下所做的那样，然而本书恐怕不能对此有所助益。事实上，提出方案的做法又会将有关实践理性的讨论引向混乱。这种坚持强规范性理论抵制连贯性论调的成见，在这里有其成因。反对方案，反对实践理性的强规范性理论，表明我们并不能够就自身行动的原因简单地发明新的理论。相反情况才有可能：实践理性必须证明自身出自既定的好的行动理由。

如果人们愿意，可将此处表现出来的信念视为"亚里士多德式的"，只是又会产生这样的误解，即关于正确行动的问题（规范性问题）和正确判断的问题（理论性问题）必然涉及两种根本不同的方法。同时期的伦理学一再地将自然科学的精确模型拿来同日常行为中实际问题的精明协商进行比较，这些比较容易忽视科学方法并非用于我们描述性信念的整全（das Gesamt）中，而只不过是针对我们生活世界的细小而无意义的碎片。描述性信念不能经受科学的分析，或者无论怎样并不允许科学分析和审辩，它在此并不只是指日常经验判断，日常经验判断依赖于我们直接的觉察，而且（举例来说）还包含社会生活中精神的构成领域。我们如此觉察他人、追逐心意、拥有愿望、感受痛苦等，通常我们会很好地依赖这种判断力。心理学作为科学对于这种判断力和其论证完全微不足道，科学分析有助于辨明我们生活世界之处仅仅在于竞争性理论或实践动机得到运用，这些原因支持或者反对特定描述性或者规范性的判断力。

实践理性和理论理性在此致力于发展有关理论和规范判断力的动机论。这里的异议，可想而知是一个研究判断力动机的理论，然而并不能被称作真正的有关实践理性的理论，毕竟只要行动付诸实施，所谓的"实践的"首先会被论证。只要与判断力动机情况相反，我们其实还在解决理论理性的领域内。我将考察两种动机的这些异议视为错误的：一方面，因为行动是理性人出于实践和理论权衡之后的结果，行动在一定程度上代表人们所接受的理论和实践的原因总和。另一方面，我们随后会论证一套行动方案，人们可称其为斯多葛主义的：**判断的意图**（*prohairesis krisis estin*）。[1]如其所说，每个行动的选择（每个优先权）是一个判断。这个观点与传统的休谟和康德的行动理论背道而驰，因为它将每个行动——并不只在道德领域——作为一个针对动机（或多或少）的理性意见的表达进行解释。

我将发表以下观点，即行动事实上是人的意见的表达，在他那里依据动机而产生。从提出意见转化为具体行动不再是实践理性理论关注的对象，而应该被列入如神经心理学这样的学科内。在意欲状态和行为之间的关系——如早已承认的那样——基本上难以分辨，虽然这不是实践理性理论的问题，它在有充分根据的意欲状态（理性选择）下是完结的。原子化的行动导向的选择，与随之而来的单个行动相应，作为最终的元素，隶属于实践理性的范畴，显著行为和决策之间的相应关系受到干扰。在并非意志薄弱的情况下，这些干扰并不归咎于行动者个人，行为失去了他的行动特征，单纯的行为并无行动特征，因为缺少根本性的意图状况，不能成

---

[1] 对我来说，人们必须将斯多葛学派不只纳入对于实践动机的客观主义理解，还要将其纳入认知行动和认知感理论来加以考虑，可将其根据每种情感、每种认知态度和每个行动理解为一个判断力，这一点在以下未完成的作品中特别明了：Chrysipps, vgl. Stoicorum Veterum Fragmenta, 3.459 und 3.481。参看 a. A. C. Lloyd, "Emotion and Decision in Stoic Philosophy", in: *The Stoics*, ed. John Rist, Berkeley etc. 1978。——原注（以下注释未注明者均为原注。——译注）

为实践理性理论处理的对象。

当今主导观点经常连带着大卫·休谟，即"休谟的理性理论"或者"休谟的动机理论"，有趣的是恰恰混淆了实践理性的特殊性，即它只知道描述性信念的理性。行动和意欲态度（愿望、顾虑、希望等）既不能被归为也不能被否认为理性，它们并非理性能够达到的。简单地说，当今哲学和各个具体学科对于实践理性的压倒性理解否认了真正的实践理性的存在，而我反对此种意见，认为规范性和描述性信念同样可以阐明（理性可通达的），并非只在理想前提下，行动一直都是信念的表达（第一章）。

此种观点尽管符合我们的日常直觉，随之首先会遭遇困难，因为对此进行的哲学争论已为不必要的繁杂的形而上学论证根据（Begründung）的探讨所扰。即便它的发生史是可寻的，恐怕也早就需要摆脱论证的不对称性；这种不对称性表现在两种论证之间：一方面位于自然科学以及大部分社会科学和科学哲学（元理论）中，剔除形而上学和存在论的基础主义（Fundamentalismus）；另一方面体现在伦理学中强加的形而上学基础[1]。一个物理学理论从论证根

---

[1] 实证主义和其后自然科学式的形而上学长期主导着分析哲学，本质上铸造了此种不对称性。

据上讲是好是坏，完全不依赖于它所讨论的实体的本体论状态。在哪种情况和哪种形式下形而上学和特殊的本体论问题会被有意义地提出，这里完全可以持开放态度，尽管难免我会有所怀疑。无论如何，它的答案里没有令人信服的规范性理论的先决条件。

将自我理解为理性人的标准理论（Standardtheorie）处于一场很难化解的冲突中。行动可归结到所推动的最终理性不能理解的自我愿望中，归结到描述性信念中，其中行动是实现愿望的工具，这一调节性信念通过更精确地分析简单日常例子失去了它的合理性。直接的愿望批判处理的并非描述性信念的批判。

如果这项诊断合乎实际，就提出了一个问题：为何标准理论能够存活至今？答案是，它从17世纪的"意图物理学"那里获得信念作用，此一物理学在托马斯·霍布斯的《论物体》（De Corpore）[1]里得到详细阐述。当然同时它距离我们自然科学知识状况如此之远，与霍布斯的政治理论相反，它

---

[1] 霍布斯（Thomas Hobbes, 1588—1679），17世纪著名哲学家。霍布斯主张国家、人与自然联合起来进行研究，其最著名的著作《利维坦》完成于1650年前后，描述了自然状态条件下"一切人反对一切人"的情景，开头提倡唯物论用以指明人民为了自身安全需要让渡自身权利，重点介绍了其国家政治学说。后又于1655年出版《论物体》（De Corpore），出于对当时有些人所进行的物理学解释的不满，而自创了一套原理学说，最早阐述了决定论等思想。较早时期出版有《论公民》（De Cive），被人称为机械唯物主义者。——译注

毫无内容，不过仅仅具有某种精神意义罢了。更早时代科学发展的基础存在于我们的日常知识中，对我们直觉合理的事并非没有影响。

本质上此项论证是处于封闭状态的物理学或者自然主义叙事的议题，它有着物理主义（Physikalismus）的格调，看来只是人类意志薄弱的想法——这种想法允许行动自由，在某种条件分析的意义上，就像摩尔（G. E. Moore）最初建议的那样。事实上，这种封闭状态下的论题可以与最为激烈的只可设想的意志自由和行动自由的方案相兼容（第二章）。我们可以坚持我们对意志自由和行动自由的自然解释，而不修正自然科学的世界观，因为自我"决定论"的系统是限定不足的。

这就建立了它的前提条件，向前推进到了结构性理性方案的内核。自由理性的行动是以合乎确定的行为人的意图结构为标志的。人以"结构意图"（strukturintentional）的方法实现他自己的生活方式，没有这些就必须放弃自由，正如标准理论所导致的那样。局部行动会被选择，因为行动符合预期结构。另外的动机（Motive）或者批准并不是必需的，这些另外的动机将来会产生（第三章）。

行动责任在追寻动机时是和行动自由相一致的。行动动机铺设了行动结构，并在这些结构里表现出来。我们能够说明我们行动的动机，说明它是可分析性的、符合实际的，即没有引导的原因的行动是不存在的。同样自我喜好（Neigungen）只能确定行动，因为它被人作为好的行动理由所接受。喜好确定行动并非直接的，而只是行为人借此传达意见。动机（Gründe）从行为人连同主观特征那里获得关于每个行动情况的特殊性，动机自身绝非主观的，关于行动动机的意见差异处理的方式就像它对待事实一样。形式仅仅允许一个客观主义的解释，我们是在形式里来思考和讨论实践理性的（第四章）。

好的行动动机的一个中心类别是以与他人的合作为目的的。尽管具体合作的形式五花八门，有些社会实践经过更精确的分析被证实是合作形式，合作以一般性方式得到简单描述，然而事实证明个人最优化和合作在概念的恰当使用方面互不相容。真正的合作要求结构性理性的行为。合作对结构性理性的构想是典范性的：如果一个人支持具有良好原因的行动结构，那么他的个人行动作为它所支持结构的组成部分是理性的（第五章）。

交流根据规则进行，规则的地位在语言哲学里是有争议的。一种观点（意图性语义学，intentionalistischen Semantik）认为语言表达的意义最终可以归结在交流人的意见上,如果说话人和听者将其领会为每个局部优化程序,这对于语言言说的根本性规则的维持是令人费解的。首先在结构性理性的方案框架下,意图性语义学的程序是合理的。同样哈贝马斯的"交往理性"也可以理解为结构性理性的一个变量(第六章)。

我们的行为是由意图来引导,它指明了结构,并将自身嵌入在了认知(epistemischer)和意动性(konativer)的态度的广泛语境里。人的理性在意图结构里反映出来,理论和实践动机与认知和意动性态度相应,据此提出意见,并被塑造在我们的行为里(第七章)。

一个人如果局部性(punktuell)地去做他视为结构性理性的事,就是意志坚强。意志薄弱表现在结构非理性上的局部优化。意志坚强是负责任行为的前提条件,觉察责任要求一定程度上独立于每个局部生活状况,在最小意义上的人包括意志薄弱者都要对他的所有行动负责(第八章)。

本书所勾勒的结构性理性的方案可以理解为它的具体化,它赋予了行为和生活方式总体的连贯性。存在论决策在其中发挥了一个专门作用,它自身只能有限地得以理性化(第九章)。

第一章　信念行为

有个简单有诱惑力的实践理性的理论，在英语语言文学里被称作"休谟式"（根据大卫·休谟），我想将其搁置起来，不问事实上大卫·休谟是否支持这个理论，而在这里将其称作标准理论。这个理论表现为对实践原因的分析，它试图回答以下问题：什么让我们执行一个确定的行动？行动是行为人内在驱动力的结果，没有此种内在驱动力，人们将不会行动。假如确定的（描述性的）信念加入其中，内在驱动力当然首先会接纳某个具体愿望的特质。我产生一个愿望，点了一份沙司意大利面，因为我（1）饥饿难忍（内驱力）；（2）期望通过一盘意大利面来消除饥饿。没有这种信念（2）内在驱动（消除我的饥饿），我就几乎失去方向性。通过这个例子容易理解，分析向前迈进了一步，即一个愿望仅仅是想消除饥饿，另外一个愿望是行动导向，要确定具体的路径，从而区分目标和实现目标。相比第二个愿望，第一个愿望并没有为我的行为预先确定方向，因为信念是选择哪条路径消除饥饿，而不是表现出来。在他的行动导向力看来，第一个愿望还是无方向性的。感到饥饿和满足相应愿望消除饥饿鲜明地呈现出来，并不需要多加考虑。

为了将标准理论尽可能地合理化和有分辨力（trennscharf），我们可以在明确感知和相应的无方向性的愿望之间假定一个因果性关系。

如果我们假定这个因果关系如此发挥作用，即它是以一个主观感知状况的改善为其指向，那么标准理论就会把基本的（无方向性的）愿望和享乐主义构想联结起来。享乐主义的形式在此是严格经验性的，并不能够被理解为规范性的。享乐主义形式如果以主观感知状况的改善为目标，不会断言愿望是理性的，而会声称基本愿望是以上述方式因果性地被唤起的。作为规范理论，享乐主义会断言，人应该如此愿望，即最优化自己的主观感受状况，或者宣称它具有愿望是理性的，而这一愿望是以最优化自我主观感受状况为导向的。

饥饿感来了又去，对于大部分人来说，无论如何都是直接的，而不容易受到影响。饥饿必然会被消除，然后饥饿的感受消失。对我们中的大多数人来说，为了消除饥饿感，提前准备和决定不被饿着并不足够，特别是肥胖的人经常会有好的理由来对抗饥饿感。对一部分人来说，一次两次没有饥饿感受能力，是值得期待的，以此——就像我们假定的因果性关系——同样消除饥饿的愿望也得以实现，这类权衡并不能够改变不时出现的饥饿感。人们可以以这个例子为范例来看标准理论。

我们将自身置于时间的感知之流中，它同一定的主观感受状况相联结，一再地伴随着无方向性的愿望构成的时间流，这些愿望旨在改善感受能力[1]。如此好像时间里的感知之流并不受我们的控制，同样相应的无方向性的愿望也脱离了我们的控制。只有描述性的信念出现并将无方向的愿望转化为方向性的行动导向的愿望，理性始自产生。这些信念可能正确也可能错误，可能会有好的根据认为这一信念是对的，另一信念是错的；理性要求这种权衡是以恰当的方式进行的。信念不能单独引导行动，因为行动需要动机。动机从无方向性的愿望源头产生，这些愿望一般性地逃离我们的控制力，特别是理性的确定性。

---

[1] 它必须继续被视为无方向性的愿望进行理解，因为其组成部分被限定在自我心理状况的改善。人们同样会说，这些愿望是针对内部世界而非外部世界的，因此并不能够赋予此项涉入外部世界的行为以方向。

为了描述标准理论的特征，我们研究了从享乐主义理论到确定（无方向性的）愿望的用法，没有享乐主义的标准理论也是可以设想的。为此目标，只需切断无方向性愿望的发生史，从无方向性愿望的时间之流谈起，它抽取了我们（理性的）控制力。当然标准理论会失去一些暗示作用，因为无方向性愿望的概念如果不能说出什么，就只存在感觉，而着眼于心理状况。愿望总归是有指向性的，它以世界状况而非人的状况为依归，并依赖于（描述性的）信念。独立于描述性信念的非理性的（arational）[1]愿望和描述性信念联结起来，才导向有方向性（以世界状况为方向）的愿望，前者必须得到隔离，才能使得标准理论有选择性，乍看起来（*prima facie*）有合理性。仅仅依从自己的精神状况而又避免享乐主义的愿望总是可设想的。例如渴望重温一个之前经历的情感状况就属于这种愿望（而且不是因为那种舒适性，不然就总是和享乐主义的愿望有关），同样依从快乐、兴奋、让人恐惧、让人镇静等情感状况的愿望必须不能被作为享乐

---

[1] 注意区分"arational"和"irrational"。两者似都可翻译为非理性的或无理性的。不过前者似应翻译为反理性的，是不关涉理性，在理性的界限之外；而后者主要是相对于理性行为和意识而言，即通常相比于理性而言无法让人理解的行为意识。作者全书有三处会用前者表示独立于理性之外的活动状态，而大多数用来指示后者的意思，具体差异还需要参考上下文，请读者注意。——译注

主义进行解释[1]。

  与标准理论不同，我们通常会给出我们愿望的原因。假如某人希望某一确定的人受罚，他的答案已经备好，比如说"这个人终究是有罪的"，或者说"如果人们做了某某事情不受罚，那这样的犯罪就会更加频繁"，或者说"正义要求……"。这类理由会遭怀疑，为了自我辩护总会援引充分发展的理论（例如法律伦理），自我在此情况下，在此愿望下出自情感的一个直接后果是会解释理由，支持或者反对相关的情感。如某人说"我希望他这个项目失败"，询问原因，听到回答说"因为我恨他"，那么这个情感也一再地缺少论证。情感的论证（Begründungen）通常是没有因果性解释轮廓的。一定的情感认为我们所有人是公平的或者不公平的，也即我们认为它是适当的还是不适当的，正确的还是错误的，需要一个人在明确的前提条件下有明确的情感。正如我们的日常交流所证明的那样，规范性的批评也不排斥感觉。哪里给出支持理由和反对理由，在理性中是个问题。举证的困难在于其所宣称的哪些支持理由和反对

---

[1] 享乐主义人类学（和伦理学）不只处于一种紧张关系，我们愿望的很大部分和自我心理状态并不相关，还有许多这些愿望事实上关系到我们的自我心理状态，但不是以提高幸福度为目标。

理由会被提到，根本上说是没有能力论证的，也即属于对象的范畴，它脱离了理性批判。

我上文说过，假如人们以享乐主义的人类学为前提，标准理论最有说服力。如果我们人类确实就是那个样子，我们首要的（无方向性的）愿望是对感知状况的因果性反映，是为了感觉状况的改善，那么理性的边界会限于理论理性，也即描述性信念的论证，这种边界会得到好的防护。如果我们论证目标在于区分人的认知和意动性状况——其中认知状况是以描述性信念为特征的，人在有关时段拥有描述性信念，而意动性状况是通过愿望、偏好、希望等——那么享乐主义人类学提供一个可能性，将意动性状况的整体从最初愿望中推导出来，这里的最初愿望是基础性的、反理性的、无方向性和享乐性的，包含了每个相关的认识论条件。

标准理论里享乐主义的变量能够得以维系，需要（1）基本愿望以具体指明的方式（享乐主义的）从感知状况里表现出来；（2）所有意动状况的剩余因素，也即在所有其他非基本愿望里，这些愿望能从基本愿望里推导出来，都能通过相应的（描述性）信念表现出来。为了反驳标准理论的享乐主义变量，需要满足（1）或者否定（2）。事实上双重假定（1）和（2）对我来说都不合理。确定基本愿望的这样的因果机制并不存在，以具体指明的方式还原基本愿望（独立地如其所确定的）也是不可能的。

我们可以从情况（2）开始。如何去看上述例子里的还原？每个愿望必须在每个认识论前提下通过基本愿望表现出来。

a）我希望 p。

b）我知道，如果有 q，那么 p 就是可以实现的。

———————————————————

c）我希望 q。

我们检查一下，这带有几分可信度的话题对于愿望是否是适用的。一个人会遭受惩罚，因为他不公正的表现。

a'）我希望 p。

b'）我知道，如果有 q，那么 p 就是可以实现的。

———————————————————

c'）我希望这个人受到惩罚。

从中推出：

b'') 只有这个人受到惩罚，我的愿望（a）才能实现，所有人因为他们不公正的行为受到了惩罚。

---

c') 我希望，这个人受到惩罚。

这个题目才算完成。然而我们也许会对这样的分析并不满意，因为具体愿望"c'"追溯到愿望"a'"并不能恰当地说明动机结构。在这个题目框架下，也不可能从本质上改善这种分析，因为此人受罚的愿望支持了一个（规范性的）信念，也即人们应该为他们不公正的行为接受处罚，通过说明基本愿望（也就是在"a'"里加入一个相应的"p"）重塑动机结构是不可能的。愿望"c'"是有根据的或者说是理性的，根据所谓规范性信念和附加的（描述性的）假定，即有关人做了不公正的事。动机结构可以下面的方式被复述为：

a'') 人们（x 类）应该因为其行动（y 类）受到处罚。

b'') 这个人（来自 x 类）实施了一个不公正的行动（y 类）。

---

c'') 这个人应该被处罚。

明确地从有愿望的人那里得出：

a''') 我是信服 a'' 的。

b''') 我是信服 b'' 的。

---

c''') 我是信服 c'' 的。

因为我希望这个人受罚。

标准理论的固执的辩护人在这点上可能会反复如此，坚持认为从单个规范性信念向"c''''"的愿望过渡是**不合逻辑的推论**（*non sequitur*），因此个人必须转换"a''''"的愿望。现在完全允许人们把想要惩罚他人的具体愿望归结为一个基本自我愿望，这一点也不是强迫性的，这种情况在不是虐待狂的人那里出现并不常见。一个理性人的愿望是与他的规范性和描述性信念相符的，有关规范性信念在此不会迫使相应的愿望以一种逻辑性的或者因果性的方式显示出来。我们的论题不会如此强硬，它表明，一个具有相关规范性和描述性信念的理性人，（在正常情况下）具有所谓的愿望，这个论题是理性人特征的组成部分。

这类例子表明，标准理论和我们自我理解为理性人是相冲突的，不管怎样这个自我理解是依据了一个经验性的错误理论，我们掌握了这点，以确定我们的日常行为。举证困难当然在于标准理论这种说法与生活世界中心的信念构成了巨大显著的冲突，20世纪初人们或许还会希望通过心理分析承担起举证责任，今天这样的希望看来还是太天真了。

但是即使存在某些类似基本的无方向性愿望，而且这些希望事实上是享乐主义性质的，也并不能改善这一状况。在此之下，特别是标准理论的有利前提条件下，它的中心缺陷尤其清晰透彻：如果基本愿望是享乐主义的，那么当时的满意层次就是实践理性的衡量标准；如果基本愿望是享乐主义的，那么衡量人的行为是不是理性的在于它是否符合这些基本愿望，这一假定也是合理的。

我们从我们的日常实践得知，有远见的行为比屈服于一时之快通常要好。举例来说，早餐以后我就不饿了，但我知道不久又会感到饥饿，因而首先去买东西是有意义的，用舒服的方式消除饥饿让我花几个小时去做还是可能的。现在我不饿也感受不到内在需求要买东西，我做此事仅仅是因为现在我所期待的之后的情形，在那里我会产生一个愿望需要满足，要求现在去成就它（即现在出去买）。有先见之明的行为是日常实践理性不言而喻的组成部分，一个理性理论没

第一章　信念行为

有给远见行为留下空间,看来从开头就已经是失败的了。但愿我这里是一个好的社会[1],对这一论证的某种怀疑也是可以理解的,这里被称为标准理论的理性观点怎么可以不去考虑理性行为如此中心性的要素?事实上标准理论不受异议的影响,是通过有远见的考虑将以后期待的愿望自动地一再当作现在起作用的愿望进行理解的,通过这种方式严格地反驳标准理论因而是不可能的,拯救意图的虚假性总是显而易见的。标准理论能够存活下来完全取决于是否可能存在别的更具说服力的理论,整合生活实践理性的基本要素。我为此论证的结构性理性的构想就是这样的一个选项。

在这点上,抽象地领会跨时期的协调论证是有意义的。我们想象行动选项的一个系列分别向这个人开放两个时间点 T_1 和 T_2,现在假定下述说法有效:如果这人想在每个时间点(T_1 和 T_2)针对他所存在的每个基本愿望实施相应的行为,行动的后果表明是(H_1, H_2)(根据时间点安排的行动的变量集 N,我们称之为时间的行动结构。如果涉及单个的人,也就存在一个个人内部时间的行动结构)。与这些假定相一致的是,一个别的个人内部时间的行动结构($H_{1'}$, $H_{2'}$)

---

[1] 参看 Thomas Nagel, *The Possibility of Altruism*, Oxford 1970。

在更高程度上满足了同样的基本愿望[1]。一般情况下时间的行动结构是根据局部最优化而产生，但并不是最优的。在局部最优化条件下就会这样理解，每个行动在每个时间点上进行选择，最优化那个时点占据了主导的基本愿望；相对地，理智的人对应每个时点这样选择行动，即行动嵌入在了一个时间行动结构里，从中行动总体上——也即在有预见性的未来决策情境里——会被支持。在局部和结构性理性之间所理解的差异一定程度上是后面要被阐发的思想的出发点[2]。

实践理性的一个恰当的理论必须允许特殊意图根据一般意图可被视为理性的。标准理论在依赖于每个具体时机起作用的愿望这一意义上，包含的偶然性达到了更高程度，却不能详细论证这一愿望。康德的理论尝试规定理性完全不依赖于偶然性，也即从每个当事人根本性的愿望和倾向里独立出来。结构性理性的构想位于这两个极端之间，对康德的理论来说，它太"休谟化"，因为"志趣"对理性来说发挥了决定性作用；对休谟的理论来说，它太"康德化"，因为它将规则一致性置于中心位置。在此意义上，结构性

---

[1] 根据不同的例子可以证明这些。可参阅 T. C. Schelling, *The Stragegy of Conflict*, Cambridge 1960, S. 43 ff., und die Aufsätze Schellings in *Choice and Consequence*, Cambridge/Mass. 1984。

[2] 更多的分析我在 *Kritik des Konsequentialismus*, München 1993, 1995 中进行了详细介绍。我并未将那里进行的分析作为这里论述的先决条件。

理性的方案实际上处于两个主导性的实践理性的理论方法之间,也因此使得康德和休谟方法的顽执共存合理化(是在双重实践理性本质性范畴中进行理解的,一个适当的理论必须要考虑到这一点)[1]。

真正的或者直接的愿望批判是通过虚假的间接的愿望批判区别开来的,(非直接的)愿望批判仅仅是由于错误的描述性信念,而同样的情况并不适用于每个(直接的愿望批判)。直接的(真正的)愿望批判并不能通过单纯修正一个描述性信念得以成全,从一个拥有有关基本愿望的人的视角看来,每个时点满足各个存在的(基本的)愿望是非理性的。明智(Klugheit)——这里理解为跨时间性的个人内部的连贯性——要求与每个时点上存在的愿望保持距离。如果我总体上审视从中产生的行动后果,我的愿望的局部最优化还不如(偶尔)放弃,因为缺乏实现愿望的尺度,我将实现愿望放回在这些关联知识上,决定不去最优化给定的基本愿望。

自然主义的解释在我看来存在的不是假定了愿望条件的延迟,而是改变了动机状况(Motivlage)。所描述的单纯(描

---

[1] 在其他意义上,结构性理性的构想并不处在中间,而是超然于二者有关现代行动理论的中心范式,对此负责的是或许可以被称作"新斯多葛主义"的思想:所有行动——不只在道德上的,就像康德那里——是以对(客观的)原因的假定为基础的。

述性的）关联知识引起这一变化，局部最优化的结构性非理性导致疏离我的给定的愿望状况。这些知识本身确定行动动机，行动动机的这些改变再次和标准理论相互兼容，是借助于人接纳了相应地延迟基本愿望实现的，而这些看来——无论如何在这个例子里——完全是不合理的。我的基本愿望并未改变，而是评判对象从局部可支配行动选项里扩展到了跨时点的行动结构。

与这些论证相比，谁要是想不受标准理论的影响，可以尝试以下方式：他可以坚持改变了的动机状况现在明显地改变了给定时点上人的确定的愿望，因为最终通过有关行动一个愿望会得到实现。这个挽救尝试乍看起来十分完满，最终它对于标准理论是有破坏性的，因为愿望是理性考虑的结果，如果愿望被包含在标准理论的基本模型里，那么这些愿望相比于别的理论，比如康德的[1]或者斯多葛主义的行动理论，就会失去每个选择性。重视道德法则最终产生于一个根据定理行动的愿望，这是与绝对命令相一致的。标准理论区

---

[1] 值得注意的是在康德那里，自由行为也即行为根据自我选择的法则，与道德性的也即遵照义务的行为完全一致。追逐实用性（和自己的快乐喜悦有关）或者其他的工具性目标的行为，是和标准模型绑在一块的。康德的行动理论只是在服从义务的意义上才和休谟的理论根本性地区别开来。理性的结构方面在康德看来不过是为了激起道德的行动，而且在先验的普遍主义化试验形式里，所谓的"绝对命令"并没能足够领会到理性行为结构性条件的复杂性。

别于康德的或者斯多葛主义的地方,恰恰在于行动动机是可以归因于某物的,其中不再给予理性控制,英语中的"欲望"(desire)比德语中的"愿望"(Wunsch)更强地表现出以上这一点。标准理论里可允许的愿望是通过递归确定:一个愿望 W' 还原到愿望 W,即这类描述性信念(E),它说明以下是正确的: W & E → W'。只有允许所有愿望在一个递减链条里可以追溯到"给定的"基本愿望,并且本身不再作为一个(理性的)权衡结果,标准理论才是可选择的。一个愿望根据对于道德法则(康德)的认识,或者根据逻各斯(斯多葛派)的意见,并不可以按照这种方式递归还原。

如果人们事实上有这样的愿望——一般性的愿望,它并不能简化为基本的理性不可理解的愿望——标准理论作为动机的经验理论就是错误的。假如我们打算如此理解理性人的愿望,那么被理解成好的实践动机的规范性理论的标准理论也是错误的,二者在我看来都是符合事实的。

第二章　行动自由

标准理论是从一类有关意愿（Wollen）和行为的物理学那里，取得了持续至今的说服效果，这个"物理学的"理解在托马斯·霍布斯那里才得到完全明确的阐述。爱与恨被类比为推力与拉力进行解释，这些力让人的躯体保持运动，行为是运动的形式，因此允许一个力的作用从爱与恨——或者一般地说从愿望里——产生出来。这些背景理论，就像更早时期科学发展的其他残留物一样，在我们的日常"知识"里存留下来。它通常延续几个世纪，就像科学史显示的那样，直到新的科学知识影响我们的日常生活"知识"，反过来，过时守旧的理论的余波还会持续很久，一旦澄清了这些背景理论，通常也就驳倒了它。所不同的是这样的理论刺激了后来的理论，它或多或少掩饰了自身的缺陷。只是出于这些原因，我在本章将不只是指出其思想史的关系，这种关系本身当然不会解释标准理论的矛盾性，而是尝试理清思想的混乱状态，通过调整我们行为的恰当的理解来挽救一个理论，同时通过对结构性理性方案的进一步探讨强调：没有刺激（Impetus）的行为。

我们将关于人类行为的"物理学的"理解称为应激理论（Impetus-Theorie）。行为是行动，它描述了在世界的因果进程中的干预，因此只有在接受相应驱动力的情况下才是可以理解的，这点我们将其定位在人的意动性状态里。没有一个刺激是没有行动的，行动在一定程度上克服内在自然和外在自然的阻力。为了克服这些阻力，需要一个驱动，描述性信念赋予了这些驱动一个方向。早在托马斯·霍布斯那里，人的性格特征公示和预测了他的能力，这些预测是以经验规律性知识为前提的。通过狭隘地类比于物理学里的力学，每个享乐主义状况（主观幸福水平）的梯度适应于能量潜力的落差，电势差（Potentialgefälle）在形式里转化为运动，也就是行为，这一形式依赖于经验性和认识论的前提框架。一堵墙跟信念一样用类似的方式限制运动，即一个确定的行为方式并不会对实现愿望有所助益。在有利的前提下，也即在拥有充分信息的理性当事人那里，对于行动导向的信念的经验限制是可以预见的。

如果我们不能从一个物理学理论中假定,从根本上说所有关于人类行为的物理学观点得到完全描述是可能的,这里勾勒的动机(Motivation)物理学也许才有意义;当然一个完全的描述是极其复杂的,世界上最好的计算机也不能胜任。也许可以暂且搁置,不去讨论根据现今知识状况是否可能通过充分可供利用的信息加工能力,充分描述事件过程。因为举例来说,神经物理学的过程尚未得到充分揭示。至少我们知道,像这样关于现在可支配物理学(和化学—生物学的)理论进行这样的描述会是怎样的,一个完全的描述绝不会必然和意动性状况(愿望等)有关。为了得到这样的描述,并不允许我们将这些物理学描述加倍用于分析心理状态的水平。力场、势能、分子结构、神经物理学过程和外部运动过程根本上是通过自然科学手段完全得到描述,因为并不存在空隙,通过接受刺激必然会添置意动态度;但是假如存在这样的漏洞(这个问题我们会在下章探讨),恐怕也不能接受通过一个准物理学理论类比于研究实体的物理力学进行填充,它(心理状态)对于这类理论并不合适。

关于概念性的领会行动说了很多,行动在任何情况下是和外部运动过程连在一起的,要解释这些外在运动过程,同时代的物理学作为自然科学理论可以派上用场。哲学不应该尝试通过一个别的更晦涩的理论寻求补充和替代，这一理论超出现代物理学发展的时代[1]。

为了澄清人类行为相连的运动过程和身体过程，现代自然科学准备好的分析工具已经足够。问题是在心理和特殊意图过程的分析层次上，是否需要相对于物理能量或者力的精神的类似物。设计这样的类似物的理论，我们称其为行为的应激理论。驳斥应激理论的根据在于，假定在理论和实践原因之间存在广泛的类比。本章就会对此进行论证，并不需要详细了解实践动机的类型学（参看第四章）。

我通过数学里的一个例子来看所谓"理论的"原因的作用性。假定某人提出一个数学命题 M。别人问："为什么你认为 M 是正确的？"被问的人可能会坐下，手里拿出一张纸，（默默地）列出 M 的证据。如果追问这个举证是否正确的人被说服的话，他不会再感到奇怪；他的同行被 M 说服，他也不会进一步提问，M 也就这样得到了确立。这就给出了 M 的原因，或者更确切地说，M 被认为是真的原因。通常来说，如果提问人相信概括的 M 的证据是有效的，但是又继续会追问为何同行会相信 M，这就会令人费解。掌握对于

---

[1] 这听起来像在怀疑物理主义。事实上我在后面章节里会主张一种物理主义的微弱形式，它和我们偶尔用意图干涉物体进程是一致的。

数学命题 M 的证据（或者最少一个合理的举证想法）的人，会有一个好的理由去相信 M，不需要另外的原因。比如在个人利益形式里相信 M，或者出于义务感，将数学见解整合进各个信念系统里，为此还要列举证据。我是以自我满足的方式来接受"理论的"动机，它足够激起对于我们信念系统相应的调整（扩充或者改变）。更多的是：一个人占据着理论动机，而没有去激发它，也实施了相应信念系统的调整，会被我们认为是非理性的。理论动机要对我们的信念发生作用，另外的动机并不是必要的[1]。

在改变意见和行动之间存在一个区别，因为行动是和外部可确定的行为连在一起的，只有极端的行为主义者才会认为它们是等同的。改变意见——人们可能这样认为——的发生几乎没有开支（Aufwand），而行动是和开支相连接的，它需要相应的动机进行推动。本章已经点明的背景里，应该足以说明和揭示这些思想，这种等同是不合理的。不一定要通过心理能量才能克服，因为这些和行动连接起来的躯体运动属于世界的自然事实，它得到了自然科学的描述，并不了解

---

[1] 理论动机只有在它被人如此认识时才会起作用，恐怕不必强调，为了替标准理论辩护，一个类似的论证在实践动机情况下总会被反复提及。参看 Bernard Williams, *Internal and External Reasons*, in ders.: *Moral Luck*, Cambridge 1981, dt. in ders.: *Moralischer Zufall*, Königstein/Ts. 1984。

精神和意图实体。需要刺激物,物理学可供应用;行动的决定性意图在它那里并不需要刺激物,而需要的是"实践的"动机。行为的应激理论,一方面谈及迟钝的认识论状态,另一方面论及行动驱动或者唤起的愿望因素,实际上应该被平息下来[1]。

我们使用了一个说法,人们将其看作是物理学的(或者自然主义的)描述的封闭性论题[2]。这一论题,看起来并不符合我们在我们的决策和行为里存在自由的活动余地。我们可以就此简单安排一下,检验关于人类自由的条件分析的可能性——就像它最初从摩尔和他的追随者那里直到现今在分析哲学里所代表的那样——或者双重构想,断言两个描述形式的独立性,例如就像在康德的变量中或者在本体的和现象的变量之间的差异中,或是在我或者吉尔伯特·赖尔(Gilbert Ryle)代表的语言分析的变量中。更简单的是这个问题在实践理性理论看来是无足轻重的,或者无论如何对这里发展的结构性理性方案来说不予考虑。

---

[1] 当然,这并不意味着愿望,特别是自我愿望,对于确定我们自己行动动机发挥不了作用。愿望的存在在许多情况下就是实现愿望的行动的一个好的理由。
[2] 如果关于物理学的描述的封闭性论题被提出,只有人以这种假定为出发点才有意义,就是别的自然科学原则上可以还原到物理学。只有悬置这一问题,才能提起"自然科学的或者自然主义的描述"。自然主义概念当然在哲学上以各种方式得到运用。

下面我想将其合理化,即封闭性论题和意志自由(Willensfreiheit)方案达成一致。这个论证是可兼容的,就像它所展示的那样,自然主义描述的封闭性是和意志自由相一致的,不兼容是根据它的前提条件,即决定论(Determinismus)和意志自由并不一致。对此可以澄清,我的论证的形式简短且有点粗糙,简化了详细解释的内容,但是这个只能在一篇我自己的论文里才能完成。

假定自然事实的世界是通过一个(物理学的)理论彻底得到描述,也只能通过决定论法则才能行得通。假定一个这样的理论暗示,决定论的运行法则完全确定"自然主义描述"[1]的世界状况。即使行动因为它的意图特性不是这种自然主义世界状况的一部分,行动伴随的"外部的"行为仍是每个自然主义世界的一部分,因此我们行为的关系特性是通过严格的允许法则"预先确定"的。一个自然主义的世界状况对应于一个确定的时间点 T,会明了地确定以后所有的世界状况,同样也能确定所有的行为过程。谁要是还不确定,他可以思考简单地通过一个确定的分子状况代表一个自然主义的世界状况,以至于行为同样可以作为当时分子结构的变

---

[1] 后面简短地以"自然主义的"来称呼"自然主义描述"。

化过程进行描述。真正的行动自由因此在任何情况下乍看起来与直觉相应地并不一致，因为恐怕不能理所当然地认为，假如有关我们的意图自由存在，我们的外部行为就能确定。如果决定论意味着每个未来状况可以通过（任何的）过往状况确定，或者世界状况通过严格的运行法则确定[1]，行动自由和决定论是不一致的。我的观点是：我们能够坚持关于意志自由或行动自由的自然解释，而不去强迫进一步修正自然科学的世界观。

兼容性的（弱）变量可借助一个类比导入。一个充分的自然主义的状况描述扮演了技术的角色，要是没有这个，大概也只能解释对象的存在[2]。对我们世界进行自然主义的描述，就像呈现所有出现其中的技术产物一样，是一个难题，这个谜团并不表现为通过描述技术产物得以解决，包括描述任何自然主义的合规律性（Gesetzmäßigkeiten）的产生。每个人应用指压去确认开关按钮，完全是物理学、化学和生物学的描述，这些描述绝不会显示漏洞。每个人或者一般意图

---

[1] 反对这些形式的不一致性（反对这些微弱的不兼容性）的论证会被提出，属于这些的特别提到摩尔的条件分析和法兰克福（H. G. Frankfurt）关于第二次序愿望的论证——没有坚持更准确的分析，虽然它已经将这里讨论的话题引向很远。参看 G. E. Moore, *Ethics*, Oxford 1912, Kap. VI; Harry G. Frankfurt, "Alternate Possibilities and Moral Responsibility", in ders.: *The Importance of What We Care about*, Cambridge 1988, S. 1—1。
[2] 参看 JNR, *Philosophie und Lebensform*, Frankfurt: Suhrkamp 2009, Kap. 4。

性的干涉也是有效的,当然只可能是在干涉形式利用了运行法则的欠定性(Unterbestimmtheit)的情况下。

一个封闭系统完全可用经典物理学机械力学进行描述。唯一相关的法则是*力等于质量大小乘以加速度*(*Kraft = Masse mal Beschleunigung*)[1]。系统其余所有的特性可以导入边界条件(Randbedingungen)的形式里。牛顿定律可以作为决定论的典型,但是经典牛顿力学运行法则也是缺乏确定性的。

一个圆球准确地位于半球中间,在那里均匀地处在完美球面上,可在上面保持独立或者向任何方向转动,并没有损及经典牛顿力学的法则。假如不能正好处在同心位置,它就只能转动,对此表示反对是不切实际的。因为我们假定了完美的球面,且同意在描述的情况里不存在平衡状态。没有反作用力,球——假如同样在无穷小的偏移中无限地慢(因为缺少加速度)——会改变它的位置。只要无穷小的情况改变,相应的势能(Lageenergie)改变的力就起作

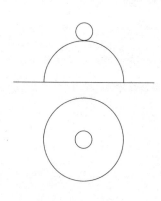

---

[1] 也即经典力学的基本公式:F=MA。——译注

用。最终势能因为每个微小的改变而趋于消失，转化成为运动能量。混沌理论（Chaostheorie）或者非线性系统理论有直观的例子可以分析，其中由于每个确定时点的最小欠定性，全部系统的发展会限定不足。

而哲学一如既往地争论兼容性和非兼容性，即一个决定论的自然科学解释和意志自由能否一致。同时期的自然科学的基础理论，量子力学明显不可化约为有关概念的理论，量子力学的规律性并不可以还原到已了解的决定论理论。新的自然科学状况的概率论和意志自由问题之间很早就产生了关联。在此领域导入有效论证立刻会引发异议，从决定论的基本理论到意志自由问题的过渡在我看来并未有所前进，因为一个根据偶然机制发挥作用的世界和我们有关意志自由的直觉，就像一个严格通过决定论运行法则所确定的世界一样，都难以达成一致。我们的论证完全不同，它讨论的是因果性的人类干预和充分自然主义描述的一致性。决定论情况下的悖论意味着：如果意图干预在以因果性的方式起作用，这种干预利用了"决定论的"系统允许法则的欠定性。这种对概率状况的类比是很明显的，这里的欠定性不只在少数特异作用情况和上面说明的情况中受到限制，还是概率描述本身的一部分：为了避免误会，即使物理学的概念特性某天通过还原到决定论理论得到排除，兼容性论题还会根据微观物理过程（良心）的天文数字——例如在人的大脑里——保存下来。假如概率论基本理论成立，因果意图干预和自然主义描述的封闭性之间的兼容性远远不会让人感到诧异。

第三章 行动结构

理性人自觉的生命形态表现在他赋予行为一个结构。他追求长期方案,这些方案只有通过行为充分的投入是以这个方案为目的才能实现。他的道德信念同样表现在他的行为的确定结构里,同样适用的是性格特征、德行和个人生活方式的其他特征,还有在这些生活方式里实现的个性。这些"结构性"特征对我们的行为经验性地发挥巨大的作用,这一点应该是毋庸置疑的。这些结构性特征如何才能被整合在实践理性的方案中?在哲学讨论里有两种回答占据主导。

第一种是说这些结构性特征是理性行为的外部条件,它限制了人相应的可能行动选项。与此一致的解释是,一些结构性特征是经过自由选择的,例如在自我约束之类的形式里,其中人有意识地决定采取确定的行动选项[1]。事实上它切合了许多结构性特征所发挥的可以理解为"外部的"作用,属于此类的并非只是影响我们行为的遗传特征,还有一些教育和社会化的后果。结构性特征的作用总是外在的,只要与结构性特征相一致的行为鉴于这种一致性不再是自由的,也即人不能选择非一致性(去形式的,dysforme)行动。即使在这种情况下,结构性特征经过很长时间的适应对行为人来说变得如此不言而喻,这种和结构性特征的一致性不再是有意识的。在我看来通常错误的是,将这些现象解释成单个行动因果性地通过有关结构性特征得以确定。实践理性理论的发展趋势是(明确地或含蓄地)做出这样的假设,不是依据有相应的经验支持的人类学,而是归功于就内容而言的无意见性(Ratlosigkeit):如果这个理论一筹莫展,不能恰当解释这类现象,就必须使其(为了保护理论)外部化(externalisieren),也即将其视为单纯行为的外界条件。

我们将在下面支持相反的这一观点,即结构性特征必须在实践理性的恰当理论里,才能被解释为它和单个行为自由

---

[1] 参看 Jon Elster 在 *Sour Grapes-Studies in the Subversion of Rationality*(Cambridge 1983)和 *Ulysses and the Sirens-Studies in Rationality and Irrationality*(Cambridge 1979)中的研究。

的持续存在是相一致的。结构性特征实际上因果性地限制了行为人可能的行动选项并不正确,它产生了所谓的后果,即有关行动和各个结构性特征的一致性不再是行动描述的一部分。只是我们行为的这一部分具有行动特性,它出于行为人的控制之下,这并不适用于外部因果限制。如果结构性行动特征实际上是被作为外部因果限制的标志进行解释的,它就改变了行为的因果条件,但并不允许结构一致性作为行动特征本身进行解释。

第二个回答在最宽泛的意义上是康德式的,它表明行为自由恰恰意味着行为人给自身施加了行为所要遵循的法则。康德认为行为自由是通过道德理由引导达成的,也即对于(道德的)法则的尊重实现的;所有不经道德理由引导的行为是不自由的,因为从实用的和技术的命令里确定了偶然倾向的直接后果。从技术到实用命令的过渡必须在康德理论框架里得到澄清,疏离于每个作用于眼前的喜好,才能实现实用命令的目标设置,也即个人幸福。没有真正的行动自由,即没有能力按照自我设置的规则行动,是不能实现幸福的。行动义务的问题不只是在道德领域,还通常是对意图行为而言,以目标为导向,而非只顾及眼前。只有人是局部的人(Wesen)时,也即在其认识论和意动性状况下,不能指明时间间的结构，现在愿望和将来愿望之间不存在理性关联，行为仅仅出自喜好才是可以想象的。

休谟和康德论题的差别只存在于道德激起的行动方面，非道德激起的行动在两个理论里被理解为局部（每个有关的时间点）喜好的满足。康德对休谟在道德行动方面的批评是关乎行动的每个类型。行动义务形成于我意识到我现在喜好的满足和我假定将来会满足的喜好之间达成一致，行动义务来自我相比于别人感知到的责任，来自于我所深信的规则。没有"这种深信"，我的局部行为的自由（我的每个决策）会受限制。

存在许多不同的行动义务的形式。一些通常被重构为当时行为后果的最优化，一般所要求的是我要放弃局部最优化。别的行动义务在后果主义特性的意义上并无这些，这一特性尤其适用于关系到原因的、非"一贯的"（konsequential），也即不以后果的最优化为目标的情况：例如出自给定诺言的行动原因属于此类，给定诺言是关系到恰当的时点实现诺言的好的理由。行动原因独立于这些诺言的实现是否有个最佳的后果，诺言本身构成了好的理由。不言而喻，绝不是权衡后果要考虑我是不是应该遵守诺言，它发挥不了作用；自然遵守诺言会带来重大的害处，看起来不遵守诺言经过权衡是被禁止的。重要的知识承认一个给定的诺言构成了所采取的行动理由,当然它也可以和其他行动理由相竞争。

许多我们通常所接受的好的理由事实上并不是连贯的。同时代的实践哲学里,以下哲学观点在大西洋两岸发挥了巨大的作用:存在理性的两种原因形式,即在商谈伦理学(Diskursethik)语言里的"工具"[1]和"交往"理性。工具理性符合一贯性,交往理性是非一贯的行动原因。这些区别的困难——在康德思想传统里——构成一个二分法,如果我们的论证是符合事实的,它就不能再得到辩护。同样,"工具"理性只有它适应了结构性关联里的单个行动才能成功。交流行为只是合作行为的特殊形式,没有合作,工具行为不会成功。在一些章节(第六章)里我想揭示每个合作形式并不能只通过交流行为得以确保,适应(合作的)规则才是必要的,借此个人行为才是充分一致的,即使它并未得到局部优化。后果主义的行动者一般情况下不能合作,特殊情况下也无法沟通。

互动的大多数形式依赖于参与人对于确定的共同规则的

---

[1] 这一理性形式是策略性的,即 strategisch。——译注

遵守，即使看起来不一定是有意识的。这些规则的谱系从习俗到礼貌，比如准时和可靠，到尊重他人利益和价值的广泛规则。每个互动形式依赖于高度遵从这些规则，它不包括依赖这些规则的许多行为偶尔和单个地符合规则，利用每次建立的互动形式，而没有遵从有关规则行动。区分这些行为，需要对互动的确定形式的规范性批判，以此激发决策，它不再包括对于互动起决定性作用的规则（比如因为它完成了非对称的社会条件，亏待了单个人等）。这样的质疑只有在"局部限制"的范围内才是可能的，否则规范性批判会导致完全与社会互动结构相脱节[1]。不是所有的互动规则描述了与规范性相连接的行动结构，对于行动结构的规范性批判的基本状况可以不是在外部意义上，即不涉及所接受的互动和合作的规则。对行动结构的规范性批判必然会在连贯性形式里得以实现。

即使人将自己看作追求项目的唯一的人，没有结构的理性行为也是不可想象的，没有可以辨认的行动结构的人是不稳定地、跳跃性地、不连贯地进行活动的，他不能将持久的目标和态度归结于自身。行动原因对这样的人来说失去了从

---

[1] 参看 Michael Walzer, *Interpretation and Social Criticism*, Cambridge/Mass. 1987。

此时到下一步的意义,别人也不能够追究他在时间上充分稳定的价值定向,在决策论意义上根据行动方式指明的偏好分配效用函数也是不可能的。简言之,这样的人在我们看来是高度不理性的。

因为每个理性的人,特别是在时间上充分连贯的人会改变愿望和喜好,许多这些改变也是可以预见的,人际间的合作问题以类似于个人行动的协调问题出现。如果人完全排除他的不可理解的主观评估的虚构,(人际间)互动结构的整体谱系对单个的人是意义重大的。多人互动在某时所确定的形式塑造了个别人行为关于多时点的配合问题。如果我们另外考虑到理性人同样也要面对冲突,冲突存在于同一时点的单个意动态度之间,在不同人之间存在的互动情形也会在确定的时点和个人中出现。

一个经济学术语叫作人际间互动结构向个人实际决策冲突转移,个人内部的类似情况产生了集体的善的问题。在人际间的情况下,集体的善将个人最优化导向于次优状况,也即集体的善不是在符合互动参与需要的程度上被准备好的,其资源分配是无效率的。在社会上集体的善的问题部分地通过国家活动如教育设施、环境治理、内部安全的财政税收安排,部分地通过公民个人投入得以解决。而对人际间集体的善的问题的第一个回答尽可能地[1]符合各个公民最优化每个个体,这种情况不再是公民义务的状况。公民义务应该被理解为人们自愿参与共同项目的形式,它施加给每个个体最优化的限度,这样尽责公民牺牲部分自由时间或者收入而去成全集体的善(或者在社会中自觉地准备投入其中),即使每个个体公民义务大多缺乏(每个人能察觉的)导向集体的善的准备。

根据互动场合的类似结构,在人际间和个人内部情况下,集体的善的问题也以类似的方式提出。个人必须放弃局部的最优化,才能更好地满足他的全部需求(在社会多元价值功能中,这构成其内部的实践冲突)。我这里选择一项经济学的表达方式,让它更加容易理解,即补充现成的许多可信赖的分析,它不会引起内容上完全明确的对此问题的简化;因为可信任的经济学关于集体的善的分析处理规则的一致性往往是工具性的,是在后果主义的框架下进行的,即使它总是清晰地显示了个体最优化和集体理性的矛盾。

行动的(当时)结构化是在双重情况下,即对理性行为

---

[1] "尽可能地"而非"全部",是因为例如只有个人自愿诚实缴税,或选取政府、国家税收系统才能起作用,公民才会承担这一社会责任。双方是以超越个体利益最优化的道德动机为前提的。

第三章 行动结构

的人际间和人际内部的前提下进行的。如果人的群体存在集体的善的问题，也就提供了确定的行动规则——例如通过制裁——的可能性，它一定程度上迫使集体的善得到安全保障。群体越小和道德动机越大，极端制裁的必要性越少。但是存在大量社会现象表明，大的匿名群体方面的道德动机，例如在热议中的经济学正统意义上是非理性的。在结构合理性方案的意义上，大多数具有民主思想的公民活动是理性的。花费心血进行选举，尽管这种情况——无论如何在德国——既不会有回报也不会受处罚，尽管所有人清楚自己的投票对于政治变更起作用的概率实际上等于零。

如果一个群体中有 N 个人支持所有群体中的人要遵循规则 R，它完成了集体的善的准备状况，处于相互信任的条件下——自我合作的诚意和期望其余人合作——遵循这一规则不是必然非理性的，即使规则不经批准。实践理性理论澄清了这类合作的准备情况，相应地遵守规则被视为非理性的是并不恰当的（需要强调的是我并未宣称相反的情况也是这样，即所有遵循这类规则都是理性的）。实践理性的理论必须允许理性人根据规则自愿行动，（只有他相应地被激发起来）支持强迫他以理性的方式行动。为何人们应该被强迫去做事情并支持这种强制性呢？再说一次：这些论证并未包括通常如果群体面对集体的善的问题施加相应的强制力是理性的，然而并非显然的是为何关乎共同利益的行动义务只是在外部强制的形式里，而不是通过自身对互动结构的洞见得到激发，合作的共同利益应该是可能的。

同样的情况适用于人际内部。为何对于符合规则的合目的性的洞见消除了人际内部集体的善的问题，并不足以激发个人相应地按照规则行动？我们必须假定人们没有另外的动机，选择每个符合规则的行动。行动之所以被选择是因为它是期望结构的一部分，行动不会被选择是因为它符合人的最新喜好。自此人们可能会看到和康德构想的根本一致性：理性的行动选择是自治的，而非他治的，也即通过眼前每个起作用的喜好得以确定。这一共同之处并不允许先验论的过分发挥：实现确定的行动结构的愿望绝不依赖于喜好，而是理性地在人的全部复杂意动态度的背景下产生出来。在传统判断力（关心他人等）的道德范畴的意义下，自我喜好（基本愿望）是要经过权衡的，每个形式化的尝试在这里必然会失败，不存在逻辑的或准逻辑的标准，据此理性可以评价要追求的结构。在此意义上说康德的实践哲学和许多至今研究他的专家具有某种理性主义特点，这是站不住脚的。我们将我们意动和认知态度构筑在一个复合体内，更多的实践理性只

第三章 行动结构

在朴素的形式里描述了双方相互连接的态度类型的更强连贯性（参看第四章）。

我们称行动为"结构意图"（Strukturintention），如果行动根据结构一致性得以选择：行动者想达成确定的时间行动结构，他因此（等于被如此激发的）选择了这一行动。经常让行动者感到为难的是在行动动机类型方面涉及的并不是罕见的特殊情况，而是日常实践决策的常规状况。在完全不同于标准理论的假定下行动的发生没有结构意图是难以想象的，文献里偶尔会讨论的例子在标准理论的框架下是典型地去除了每个论证情境而言的，在其范围内不能得到充分描述。一旦行动引导的原因得到了明确解释，这些例子在意图方面的现象才不需要论证。下一章我们会讨论结构性理性方案里的行动原因。简单的行动例子隔离了所处情境引导的原因、意动态度和认知信念，对于分析目标自然是合法的，这类隔离并不会导致偶尔被称为实践理性"意图性的"范式的建立，它对于这种建构是结构不明的。

一个著名的例子：

(1) 一个人 P 希望给小屋供暖；

(2) P 知道需要点火才能供暖；

根据意动前提（1）和认知前提（2）得出理性行动：

（3）P 点火。

作为范例进行理解，这个例子或许会招致误解，即实践理性——如第一章所讨论的——存在于每个眼前浮现的喜好（基本愿望）通过行为得以满足，是以确定的（认知的）信念为目的。怀特使用过这个例子[1]，并为建立20世纪的标准理论做出了根本的贡献；而后在其他方面的分析，同样对隔离的行动例子产生了怀疑，并限制了出自于他所谓的"意图性模型"（intentionalistischen Modell）的范式角色。这样怀特就在年近八旬时认为，遵循命令不可以归结在"意图性模型"里执行，因为这里的行动满足了命令（并无行为人的眼前愿望）；行动在一定程度上对要求、请求或者先前既定的诺言做出了反应。

但是不可否认，这样的例子同样说明了有关行动是有意图的。行动并非单纯是对外部刺激（给定命令等）的反应，而且行动跟随——如其他行动也是如此——动机。动机当然

---

[1] 参看 G. H. v. Wright, *The Varieties of Goodness*, London 1963。

第三章 行动结构

通常不能通过提及眼前浮现或者行为人将要实现的基本愿望得到恰当描述，相反发布命令的人的合法性在此发挥了作用，也即是否行为人会承担这类命令的后果，如果承担就是正确的。理性决策的结构性特征在这里得到清晰的揭示。

行动理性在局部原则上不能确定，行动或明或暗地总是与结构相关。例如点火的人必须查明他并未因此损害到别人，点火之类——如果一般地付诸实践——可能导致生态灾难等，即他必须确保服从眼前喜好供暖实际上构成了好的理由，这只有将他的局部决策场合嵌入到更大的结构框架里才能确定。这种嵌入通常限制了行动选项，结构因此尽可能地在行动义务和行动限定的语境下得以表现出来。结构得到实现，是在每个确定限制的局部最优化下进行的。开始人们可能因此提及单纯的"结构意图性"行动，如"时刻意图性"的（punktintentional）行动，（单纯的）结构意图的行动仅仅是如此激发的，或者是通过相应的动机确定，行动是被插入进了相应的结构中。即使存在一些行动选项符合事实，人也总会提及单纯的结构意图性行动，尽管鉴于他的眼前意动和认知态度在这些选项方面无动于衷。为了论述（单纯的）结构意图性行动，行动必须不是单个的，要和有关结构取得一致，（单纯的）时刻意图性行动在义务和限制方面通过所希望的结构发挥不了作用,这两个单纯形式或许很少会被提到。通常我们这样做出决策,是要它在边界上局部进行最优化,我们根据所期望的结构施加了这一边界。

不是每个(时间性)行动结构是结构意图行动的结果。许多情况下时间行动结构通过外在强制力得以实现,在此行为人根本没有别的可能按照有关结构进行行动,或者通过批准实现,至少建议行为相应地结构化。我们必须因此区分(时间性)行动结构和其他结构,行为人通过自由选择的(结构一致的)行动实现了时间性行动结构,其他结构对此无效。如果行动是单个决策的结构,是根据结构一致性进行选择的,我们称一个行动结构为"意图性的"。简言之,一个行动结构是意图性的,是在它的单个行动各自是结构性意图的情况下。产生于时刻意图性决策的结构不是意图性的,因为它一定程度上只是局部决策的副作用。最终人们能够区分"明确意图性"和"含蓄意图性"行动结构:一个行动结构是含蓄意图性的,尽管行为人的行动遵循了规则,但并不清楚他是自由地行动,例如出自明确的意动态度选择了有关符合规则的行动。行动结构是明确意图性的,则是行为人清楚他的行动是根据有关规则进行选择的,它符合康德式的理性动机模型。如果行动结构不是结构意图单个决策的结构,我们可以说我们是在论述"非意图性的"结构。

一个例子可以阐明这些区别。有个烟民相信对他来说戒烟总体上更好，他必须将一定场合点烟的顽固习惯戒掉，他将他的未来行为的义务统一看作朴素的规则，将来任何情况下都不再吸烟。通过理性权衡，他自发的愿望可能会不受控制，走向另外一个方向，这一愿望想要被满足，如果他在有关场合遇到典型的这类愿望，会重新拿起烟盒。烟民现在会担心他的意志力是否足够强大到让他做出决策，考虑去往山间木屋里待上几周，那里没有烟抽。他实施了这些决策，施加了一个外部的接下来不再有意图性的行动结构：如果这些决策又一次碰到，他可以完全遵循所支持的规则（未来不再吸烟）。要是烟民相信他的意志坚强，在家待着，未来尽管会有各种冲动也不再吸烟，那么这个行动结构是（明确）意图性的：每个行动或者搁置（尽管有自发地感知到的愿望在每个场合里不再吸烟）是和规则相一致的，它符合了烟民或者前烟民所存在的意图——单个决策是结构意图性的。在决策迁入木屋的情况下，人自然会提及停止吸烟的意图，或者遵守相应的行为规则，但是持续地遵守不再是自由（结构意图性）单个决策的结果。

相信可以不靠外部责任而能依靠自身意志力的人，能够违反每个时间点占主导的喜好进行行动。每个情况下，尽管出现了强大的喜好，比如想要点烟，也会将其搁置起来，如此做的意向是自我施加了需要遵循的规则，以此实现那一行动结构。完全是人为地长期有意识地放弃（吸烟），可以作为个别情况权衡程序的结果进行解释，不是下次吸烟会产生损害健康的后果让他放弃吸烟，以此忍受不去吸烟，而是一劳永逸地不去吸烟的意向（也即遵循有关规则，通过搁置的后果得以达成）。即使局部观察考虑到意图行动结构的个别偏离，这种情况下事实上不符合当前的动机状况，有关个别搁置可以作为后果和副作用的权衡结果（下次吸烟或者不吸）进行解释。动机状况首先是通过遵守有关规则的意向，还有不对每个浮现的违反规则的喜好让步得以表现出来。局部观察得到丰富——如遵守规则和类似策略的内在价值——行动不让人满意。起初分析介绍结构意图决策中"结构的"观察，正确地表述了这一情况。

第四章　行动原因

外部以及内部条件给行为施加了结构。内部条件的一部分具有理性的特性：行为人接受了确定的行为原因，表现在行为人相应地结构化了他的行动。原因（Gründe）是——如在第一章里进行的辩护解释——外部的，不依赖于人的每个主观状况，也不依赖于群体的主观状况，而是文化的、伦理的、民族的、宗教的或者别的"集体身份"。它在如此接受的范围内首先是行动引导的。接受一个理由动机属于内在的条件，尽管原因不是一个人主观状况的部分。

人们做了许多关心他人的事。"为什么你做了这件事？""因为我想关心你。"这样的回答需要进一步澄清，但毋庸置疑的是关心他人的责任是做事的一个好的理由。对他人关心和尊重的基本态度以及从中选择的生活方式（特殊愿望、需求和价值判断），在确定的行动选项的结构限制里体现了出来。结构悬置一部分是司法鉴定和批准的,更大的一部分必须从每个人那里一再地重新确定,一定的移情能力和灵敏感受就属于此,用以确定对应的规则。美德伦理学对明确的规则毋宁是怀疑的,而信赖涉及各个场合的恰当关心和尊重的态度(德性)。在有利条件下,即在充分的意志坚强和对场合的恰当认知性评估下,每个所接受的行动原因就在我们的具体决策里表现出来,所接受的行动原因为我们的行为加上了结构,明确自我的行动原因(回答批判性询问),确定有关行为的结构义务。援引行动原因的人不能指出对应于行为的结构,是无法让人相信的。

标准理论的支持者会反对行动表达了喜好而没接受确定的行动原因,对此最重要的部分在第一章已经讲过。这里只是附加上,我们的能力可被称为每个行动的原因,反对喜好直接地确定我们的行为。经过分析我们为行动给出原因是正确的,如果我们对确定的行为不能给出原因[而是最高的理由(Ursachen)],那么这些行为是不能作为行动进行描述的。行动是有意识地被选择的,相应地具有充分认知能力的人能将他从中选择的行动称为原因,或者说它符合了相应的决策;知识上笨拙的人有时难以查明哪些行动原因事实上引导了行动。人们口头复述行动理由的能力,并不能被认为等同于存在的行动原因。它意味着一个人出自确定理由而去行动，没有这些理由也能进行清晰的表达，例如因为脑部重击而患了暂时性失语症的人，经常不能指出他的行为的结构，这些结构告知了确定的行动原因。同样小孩子语言尚未完全发育，以及更高级的哺乳类动物，自一定的发展阶段后也能产生认知能力，找出引导行为的原因。没有对于复杂意图状况的归因而谈有根据的行为当然没有意义，行动概念一般地应该被放在一边而只谈行为。

行为表达了（所接受的）原因。在行为表达了单纯的喜好范围内，不受原因调控的行为没有行动特性。许多行动当然是——完全正当地——遵循满足确定自我喜好和需求。这并不一定适用于所有的行动，在我看来，行动的这一部分以满足个人喜好和需求为目标，大多是被高估的。我的印象是许多人——在我们的文化圈里任何时候——相信，只有作为理性表达的原因才是有效的，才是为了满足个人利益。因此在批评质疑面前存在变形了的复述自我行动原因的趋向，它评价性地建构了自我利益驱动的关联。毫无道理的是原因首先在理性范围内才以提升自我幸福为目标。

喜好确定行动不是直接的，而是通过所接受的行动原因而来。在一定限制条件下选择行动是好的理由，因为行动满足眼前存在的喜好。我们在之前章节里已经探讨了一些限定条件,这里指的是时间的连贯性和道德标准,如对他人的关心。提出意见接受行动原因应该发挥出对我们行为眼前自我喜好的作用,我给出了一定承诺的事实同样构成(在一定限制条件下)行动原因,如同我具有一定喜好的事实一样。一定行动会带来好处的事实可以是做事的好的原因;同样的情况适用于给定的义务,对每个连带责任的社会作用以及作为根本有效德性的每个决策场合。决策特征的大的谱系里,行为人的喜好发挥不了专门作用,这些决策特征对于确定的好的行动原因可以是意义重大的。如所有剩余(经验的)决策特征在他所接受的原因形式里通过行为人"提出意见"变得重要起来。一方面道德激励行为领域存在差异,另一方面行为指向自我利益,道德和理性决策的自治,以及反对道德决策和明智选择,在通过原因确定行动方面是无关紧要的。每个行动是通过原因得以确定的,每个行动是在意见表达关于行动原因的范围内进行的。喜好不是直接地而只是通过行动原因的中介与行动相关,行动原因确定了理性决策,促成了行为自由。意志薄弱是一种损害这种自由的形式,典型的意志软弱的人存在为他的行动找到好的根据的困难,*一开始*(*A limine*)人们就不能追究一个意志薄弱的人的行为的行动特性（参看第八章）。

理性和意志坚强的人选择行动，初看起来可能导致冲突的行动原因经过权衡被认为是恰当的，也即得到了良好论证，这一权衡——如刚刚所说的——包含主观特性，如人的喜好和利益。然而所谓"主观行动原因"只是一个矛盾修辞法（Oxymoron），比如"主观事实"的说法。事实存在或者不存在，行动是有好的根据还是没有，人们当然不能直接地而总会通过他的意见才能接近事实，也即一个人相信一个确定的命题 P 描述了一个事实，因此 P 就不是主观事实，人毋宁相信 P 就是事实。同样的情况适用于行动原因。一个人达成某项成果，G 是一个好的理由，拥有明确的意见，这个意见人们称之为"主观的"［它当然是重名法（Hendiadioin）］。意见对于自身是"主观的"，同样"原因"相对自身，"客观的"对于自身，如同事实一样如此。关于好的行动原因的意见差异完全类似于关于事实的意见差异，行动原因是客观的，而关于行动原因的意见是主观的。

有关论证行动的主观主义，大多同时是标准理论的组成部分，可能会提出异议。以人的相对性构成的行动原因的客观主义理论解释行动原因是不正确的。对于一个人来说 P 构成了去做事情"h"好的原因，必须对另外一个人同样有效，所有人被限定在同样的好的原因是不恰当的。这一论证证明了我们在实践原因理论方面必须要充分重视其复杂性。上面已经给出了暗示，也即个体喜好可以是做某事的好的理由。不是所有人都有同样的个人喜好，不同的喜好导致不同行动各自寻找个人好的原因，然后存在这样的情况：一人根据经验条件，他为有关喜好找出做某事的好的客观理由；但对另外一个人来说，这不能指明同样的经验条件（例如存有别的喜好）不存在。个人相对性的形式是无害的，不言自明是和实践原因的客观主义理论相一致的。

相对性不应该草率地视为主观性的标志，而应看作一种挑战。有关理论可以如此构造，他授权相对性以非相对的客观的标准作为基础。事实上好的原因里一定的个体相对性在我们日常讨论中自然是被接受的，哲学理论不应退居幕后。"这对你（而不是对我）是好的理由"的说法，主观主义可以解释为："在你看来是好的理由，但是我不这么看"（当然也应选择这一措辞）；而可以被相对主义解释为：好的行动原因因人而异，不存在一般有效的实践理由——尽管它应该更好地得到区分；客观主义则会解释成：根据我们对好的理由的共同理解，鉴于你的情况构成了（客观的）好的理由，你可以做 h，然而我在另外一个情形中（比如有别的喜好），同样类型的行动对我来说不构成好的理由。只要我们对原因进行严肃的讨论,我们可以含蓄地确定一个客观主义的理解。我们关于实践问题的深思和讨论的形式,和主观主义或相对主义理解并不一致。[1]

关心自我喜好和利益构成好的原因,是和客观主义实践原因的理解相兼容的。如果人们表示出眼前行动原因不同类别的多样性,流行的对行动原因在道德和道德以外所做的二分法是合理的。

首先人们能够区分仅仅关乎行为后果的行动原因和无关于此的行动原因。标准理论大多数会联系另外的假设,每个理性行动是以后果最优化为目标的。如果"行动后果"(Handlungskonsequenz)的概念不会扩大到完全专断地步,每个看来重大的行动特征可以被视为"后果",那么这种实践理性的后果主义理论是错误的。存在许多做事的好的理由,而非仅仅关涉行动——因果性或概率性——后果。如果某人帮助了我,我有好的理由感谢他,这种感谢也可能是通过我的行为表达出来。行动原因独立于出于感谢的行动带来的后

---

[1] 在实践的规范性日常谈话里有个鲜明的对比,在我们的文化圈里散播主观主义或相对论原理理论判断。同样的人严肃地讨论是否确定的行动是正确的,意思是不存在客观规范的标准,我认为这不是毫无余地的,这里影响超过十年的主观主义的实践哲学在继续发挥作用。

果，比如可能是行为人未来会乐于帮我。期望不是我要感谢的原因，即使我假定这人不再有机会证明他能帮我，我也有理由要感谢他（或许相应地行动）。行为原因一定程度上在过去经历：我想感激（随之行动），因为过去这人帮了我，我不一定知道要在未来去感谢和行动，可能我会思考应该如何行动以表示感谢。准备一份欣喜以表示感谢和权衡行动后果的范围，从中不难构建反对的理由，因为从多种表示感谢的可能行动中，仅仅专门选择了合适的一种，然而真正的行动原因并未被更改。

不只是别人的行动，还有自己的行动可以确定好的行动原因。如果我做出了一个承诺，通常我就具有了好的理由去遵守承诺，这个好的理由不依赖于由此引出的后果，即我在个别情况下遵守诺言是否是最佳的。除非人们期望其后果最优化才遵守诺言，诺言的建立就失去了它对我们行为重要的协调作用，当然从中不会出现，诺言的建立已经通过单个诺言遭到破坏而失去了调节性作用。给出承诺通常需要一个好的理由去遵守，行动理由的类型不只是以行为后果为导向。

同样一个向我发出的请求通常自身构成了好的理由表示请求。自然每个特殊情况也会因别的理由产生冲突，这些理由占有更大的分量，因此能驳倒每个初看起来有效的理由；

然而这改变不了有经验的善意相应的行动，给出的诺言或说出的愿望自身被作为每个自明的原因：指明感谢、信守诺言、履行要求。

这类所谓的行动原因是道德的还是道德以外的？必须小心在原因之间进行区分。一类促进我自己的幸福，因此是明智原因；一类是促进别人的幸福，或者以别的方式和他人利益（或者权利等）有关，因而被视为道德的。基于这里三个例子来看，所暗示的好的原因的多样性是人为的，如果我履行请求，我就出于好的理由做了此事而不带道德动机；如果我追求我的个人利益，除非它不损害别人的利益才是好的理由。

好的行动原因并不总是关涉行动后果，这一事实支持了实践理性的结构理论，而反对了后果主义的简化论，它要满足行动的后果。理性行动大多数情况下终究不是唤起确定意图效果的工具，理性行动为所接受的好的理由提供了辩护：一些依据有经验的善意，一些依据给定的诺言，别的依据说出的愿望或者给出的命令，还有一些依据自我利益或者猜测的他人利益，许多理性行动出于公正和义务，更少的一些（直接地）依据伦理原则。实践理由的巨大多样性是每个实践理性理论的原料，它不能随意被暂时搁置，相反每个理论要经受其多样性的考验。因为实践原因的多样性总是一再地会爆发冲突，理性化（Rationalisierung，也即通常的理论构造）也被要求解决实践困境，为我们生活世界原因的错乱提供定向。整合生活世界实践原因的多样性，需要充分理解实践理性的复杂性，以及调适生活世界的原因。通过理性化这种整合不会产生难以兼容的矛盾，而是好的实践哲学共同的路径选择。

第五章 合　作

　　没有与他人合作的准备，社会就不会有生机。合作的形式是多种多样的，首先看起来不太可能找出合作行为的共同特性。用基本的决策理论方法对合作做出定义是可以的。合作行动在囚徒困境（Gefangenendilemma）类型的互动场合里被定义为主导策略的选择，这一定义是和对"合作"术语最重要的应用方式相一致的，因此这一极其简单的描述不是随意的"名义定义"（Nominaldefinition）[1]。

　　如果一个人和别人合作，为了确保能够达成如双方所愿的成果，他就得先把自己的利益放在一边。合作行为在此通常不是被利他主义激发的，它并不涉及别人的利好而放弃自

---

[1] 我在《实践理性或原偏好？对康德道德的非教条辩护》里对合作问题的决策论进行了分析，见 Theory and Decision 30（1991），S. 133—162。这里为了更具可读性，我想放弃决策论途径，尽管它对更高程度上的明晰精确是不可缺少的。

我利益。两个合作的人协调他们的行动,得出一个如两人所愿的行动组合。与单纯协调相反,合作是通过合作者不去最优化他的个人利益得到确定的。

举个简单的例子来说明协调与合作的区别:假定两个人想在咖啡馆里碰面。这个城市有两个咖啡馆,没有协调好在哪个碰面就存在两人各去了不同咖啡馆的风险。两人有个共同的利益就是在自己的咖啡馆见面,为了协调行动,撇开自我利益是不必要的。假定相反,两个公司职员在竞争同一个突出的职位,获得这一职位的机会让成功的那一个人,似乎要另外一个人在较差的环境下承担工作,这一工作看来导致另外一个人工作环境较差;如果双方撇开竞争状况,那么合作形式就发生了。如果双方没人准备接受这一限制形式,他们或许相互都要在更差的环境下工作,得到职位的概率对于双方都会降低。双方合作比单方竞争行为对其中每个人来说都是更有利的。对单个人的最佳状况是,另外一个人采取合作行为(这可以让他不在更差的环境下工作),而他本身不去合作(也即这里要在更差的环境下工作)。该强调的是:另外一个人做的事总是对单个的人更好,就是不去工作。双方都不合作的情况对于双方每个人,比双方合作的情况更糟。

第五章 合 作

现在人们可能会问：双方如何建立合作利益，即使每个人并无个别利益需要合作？这也是可以的，因为"双方"会合作性地应用：我们将双方的选项视为等同的，也即合作或者不合作，在这种比较中存在共同的利益展开合作。越是从个体出发，不合作越总会更好，合作通过单个人放弃其个体最优化才有可能（它是基于自我的或他人的利益，道德价值同样如此）。在传统实践理性最优化的构想看来，合作行为因此是非理性的；对由实践理性发展而来的结构性方案来说，合作反而正好是理性的范例。

合作人会如此选择他的行动，也即行动是（潜在的）人际间行动结构的组成部分。行动者对这样的人际行动结构提前安排了他的行动，每个个体最优化的行为导致了这样的行动结构。必须注意的是行动者同样假定别的（潜在的）合作参与者基于双方的选项具有同样的偏好，并期待他也会准备合作，这表现在相关人投入完成他的合作部分任务。他期望别人同样如此去做，脱离了方法论个人主义的原则，意味这一问题：一个人是否会采取合作行动，仅仅是在此人可以确定的状况之下进行的。人际间的行动结构是合作的，只要各个参与人采取合作行动，满足相互（合作）期望。

合作行为是选择行动作为合作行动的组成部分（这等于

个体行动的组合，也等于人际间的行动结构），行动者更愿意选择合作行动，而非出于每个个体的最优化展开的行动，从中同时可以假定所有其余（潜在的）合作参与者也有同样的偏好。当然不去期待其余人也会参与这一合作，准备合作通常是非理性的。

合作情形的选择特征是每个个体最优化的行为，其中在最简单的情况下是以满足各自的个人需求为目标的，导向于个体行为的组合；也即合作行动，各个行动者相比于别的可能合作行动（也即比别的个体行动的组合）来说这种需求更少得到满足。这一描述初看起来似乎是矛盾的：如果单个人的行为相应地最优化他的需求状况，也就不会出现——人们会如此认为——别的个体行为组合不是个体最优化的结构，对每个个体需求的满足就会更好。这一论证——如博弈论所谓囚徒困境的存在所显示的那样——不是无懈可击的。

合作并非任何时候都是好的行动原因。例如卡特尔大多追求通过非官方协定加强几个公司的联系，达到至少减轻相互间竞争状况的目标，对于整体经济并非是可取的，因为通常它抬高了价格层次，取消了市场竞争的好处。一些合作的团体形式是和基本的平等待遇规则相竞争的。例如非正式的政治交际圈定期出现在民主党派的政党纲领和条例确定的民主意见形成规则，出现在为此指定的委员会里，不属于这一非正式小组的政党成员不会以同等的方式发挥意见效力。这一极其狭隘的合作关系在南欧家族范围内经常出现所谓门阀主义（Nepotismus），导致公开决策缺乏平等和不透明化。当然人们可以将平等待遇和公正规则以及尊重个体权益的规则，视为解决广泛的合作问题的办法；在这类案例里，不是与别的行动理由合作性地竞争，而是合作的不同形式展开。即使我不认为——如现今一些伦理学家——道德理由的整体可以还原为合作问题，我也相信，通过更为精确的分析，在约定意义上道德理由可以被解释为合作问题办法的巨大组成部分，它不一定要详细地寻求原因，确定合作不是在任何条件下都是好的行动理由已经足够。团体共存依赖于合作的行动理由影响了我们行为的很大部分。某人出于合作的行动理由去行动，放弃个人最优化，贡献了自身的合作行动，相比于个人最优化的合作行动而言是共同的利益，"共同的"是与合作的（潜在）参与者有关。合作产生了负外部性（externe Effekte），也即不是损害到了合作参与者，而是出现于反对合作的动机。

选择自我行动的意向，即将行动嵌入到合作的互动结构，可以是有良好根据的。实践理性的理论允许这类意向不被立刻作为非理性而排除在外[1]。合作行为可以是非理性的，也即一定条件下对好的理由的权衡反对合作行动。许多情况下，占据主导的理由支持选择合作行动，这种情况下期待别人也准备好合作（也即在期待别人合作的情况下合作）是理性的，从支持合作的集体行动过渡到选择个体合作行动正是结构性理性方案的范例。如果某人以好的理由支持行动结构，他的个体行动自行成为所支持结构的组成部分，也是理性的。我们的生活世界的规范性论证和日常实践支持了结构性理性的基本直觉：一般的（更好的说法是结构的）行动方式的原因根据事实本身同时也是这一单独的（更好的说法是局部的）行动的原因，它符合这一行动方式。合作行动也属于结构性行动，这一行动是在几个人的协调作用中进行；需要注意的是局部行动符合结构行动，很难抽象而准确地得以阐明。在具体例子里，如合作的互动场合里可以进行说明。

如果一个互动场合足够对称，互动参与者在道德方面并无本质区分，只有对称的人际间的行动结构可以被视为论证良好的个体决策的结果。如果外部效应不反对，全面的合作

---

[1] 如理性选择理论在后果主义的标准解释里所做的那样，这类问题的讨论可参看我所出版的文集的第一部分 *Praktische Rationalität. Grundlagenprobleme und ethische Anwendungen des rational choice-Paradigmas*, Berlin 1994。

胜过全面拒绝合作,也即全面的个体利益的最优化。偏好合作只会在根据个人偏好参与互动的情况下发生,另外的道德原因不一定要表现出来。实践理性的后果主义的标准方案是无能为力的,不能从利于合作行动结构的个体共同偏好过渡到建构了这一合作行动结构的个体行动的理性中。在后果主义和结构性行动理性之间的差别,因此通过合作的例子可以专门得到阐明。

生活世界的道德性依赖于或明或暗的行动规则的多样性。大多数这些规则产生了一种特殊的合作问题的形式,不依赖于它是否会被解释为合作问题的解决办法。每个建立的规则向单个行动者提问,是否他应该一般地遵守这些规则以展开行动;假定行动者出于道德原因支持一般地对于每个规则的服从,例如他支持帮助陷入困境的无辜的人——更准确地说,他支持所有或任何情况下社会中大多数人在面对某种问题时,对于某个陷入困境的无辜的人都要做出帮助的反应。

我们再次假定,每个相关社会成员支持这一规则的效力,所有人内在地赞同我们宣布一个"人道的"社会宪法。与此规则的个体一致性当然对于这个法理社会是否被理解为人道的并不是决定性的,对每个个别的人来说同样如此。从后果主义角度来看，对其有决定性的道德原因不能影响到自我行动，他希望社会上一定标准内人们遵从规则准备帮助他人，既不能在遵从这一标准下通过他的自我行动得以确保，也不会低于这一标准起作用。从后果主义的视角来看，涉及这一规则的自我利益似乎与道德无关。在结构视角看来，这一困境得以解决：好的道德理由支持一般地遵从准备帮助他人的规则，同时自身对个体以及单独遵守规则也是好的理由。

基于道德偏好存在这样的合作问题：每个单个的人希望所有人（或者尽可能多的人）遵守准备帮助他人的规则。每人知道他的个体遵循人道的标准在社会中只发挥了可以忽略的作用，自我偏好的最优化因此导致所有人希望的人道的社会宪法不能得以实现。从结构性观点来看，个人遵循帮助规则的表现则相反，因为他希望这部人道的宪法在社会中得以表达，而且他的自我行动可以被视为所需人际间行动结构的组成部分。

即使帮助陷入困境的无辜路人的规则自身不能作为合作的解决办法进行解释，规则效力问题自身也解决了合作问题，相应地，这一（道德的）规则自身可以被解释为合作问题的解决方案。存在两种不同的合作问题：一种描述了解决

第五章 合 作

方案的相关规则,一种是诉诸一致性产生的合作问题。规则在此情况下可以被视为合作问题的解决途径,如果他一般性地保证服从人际间的行动结构,相比于所有出自个体最优化的行为而言,更愿意选择这一行动结构。双重的合作问题的区分对于全面的理解是决定性的,尽管它的解决办法是同等的全面的合规则性。任何规范性规则的社会效力都提出了一个合作问题,然而不是所有的规范性规则自身都可以被重构为合作问题的解决办法,在寻求帮助和承担帮助之间的互动不是合作的情况。鉴于遵从规则,或者人们同样可以说鉴于有关规范的社会效力,在潜在的承担帮助的条件下存在一个合作关系,规范的道德内涵不是通过合作确定的,社会效力大概可以。确定道德诫命是一回事,确定道德服从是另一回事。有关道德规则的一致性要求结构性理性行为,它确保了基于道德偏好的必要合作。

如果道德自身可以确定合作,两个层次——道德构成和适应实践——的区分会被取消。我们假定一座老城的居民统统都认为,没人会将他的私人轿车开进这弯曲的胡同更好,所有人更愿意老城里取消私人交通,所有人也有可能将自己的车停在老城边缘的停车场里,然后步行走回住处,然而至今还未禁止将车开进老城。如果定立了这种禁令,也就获得了老城居民统一的支持。存在这一偏好，公共福利的确定在老城居民来说是明确的，是基于以下这一问题：这是他们的共同利益，老城避免停靠私人交通工具（一般这里仅仅与老城居民有关）。如果并未触及第三方利益，同时这也给出了规范性规则好的理由："禁止你的私人轿车驶入老城"，这一规范相对于每个老城居民来说是有根据的。每个个体自我利益的最优化会导致私人车辆继续开进老城；整体状况在此通过轿车开进老城的单个决策发生改变，而这只是边缘事件，对于单个人的舒适性收益是显著的，同时边际改变出于单个人的视角绝对补偿了边际变化。互动结构存在合作问题的特点，正如上面所刻画的。不开进老城的人选择了合作行动，开进去的人最优化了他的个人利益。一般的个人利益的最优化，导致对于每个老城居民来说要比共同合作所达成的结果更差的情况出现，合作涉及个人利益以及其所代表的个体偏好。

基于（根据假定取得一致）老城居民的道德偏好，尽可能地全面遵守规则，不开汽车进城，引出第二个合作问题：遵守规则的人选择了基于道德偏好的合作行动，不遵守的人基于他的道德偏好决定不去合作。道德上合作的人觉得献出他的部分利益达成共同的道德目标，他做这些，不依赖于他的个体贡献基于道德偏好是否意味着改善这一状况。决定不开车进城是有良好根据的，因为相应的一般行动方式是有良好根据的。事实上一个人根据我们生活世界的道德理解被视为非理性的，如果他为明确的一般行为方式援引原因，而自身却不做出相应的贡献，人们会将其作为规范性信念和事实上自我行为之间的矛盾进行解释。自然并不排除有人可以给出有说服力的原因，消除这种矛盾乍看而来的非理性。

一个人在通常情况下将他的轿车开进车库，因为他一般会认为这类行为方式是理性的。这人理性的行动绝不需要指明支持一般行动方式的原因（保护城市生活质量），对所支持的单独个体行动也是一样。通常任何情况下，开车入库不是单独个体决定为了城市生活质量的改善所做的具体因果性贡献，而是有根据地支持了对应的一般行动方式。人们对此可以进行争论以下状况是否是可能的：每个单独个体行动不能提供改善生活质量的份额，但是通过这类单独个体建构的集体行动方式（或者行动结构）可以很好地做到。这类讨论在较次意义上是学术性的，因为它并不能恰当地领会行为人事实上的动机状况，特别是嵌入关系的内在理性没有在结构性理性方案的意义上进行考虑。

后果主义理论要求没有这种嵌入关系也是可以的，这就与生活世界行动原因形成更深的冲突，囚徒困境的讨论可以视为后果主义理论缺陷的深刻写照。合作是日常性的，合作的行动原因构成了我们行为的重要组成。一个将（真正的）合作排除为非理性的理论，是不恰当的。同样经过复杂的弯路——如性情说[1]、进化稳定性或迭代法[2]——的理论可以解释合作或者允许将合作作为理性的，却忽视了实践理性的中心特征，也即局部一些通过结构性建立的原因。给出一般行动方式原因的人同时也给出了有关单独行动的原因，它达成了这一行动方式（更准确地说，这一达成是以别人表现出同样期待合作为前提）。这一广泛的结构性意图是以集体行动方式为导向，局部行动是以单独个体行动为导向："我有此意向承担我的份额，以此我们以 H 方式进行行动。我做了 h，因为 h 是我对 H 的贡献份额。"

---

[1] David Gauthier, *Morals by Agreement*, Oxford 1986.
[2] Robert Axelrod, *The Evolution of Cooperation*, New York 1984.——原注。迭代法（Iterative Method），又叫逐步逼近法。在计算数学中，迭代是从一个初步估值通过一系列近似解来解决问题的数学过程，由牛顿等人所创。迭代过程何时结束是编写迭代程序必须考虑的问题，不能让迭代过程无休止地执行下去。——译注

第六章 交 流

交往理性是结构性理性的特殊形式。对这一论题,我想以下列五个步骤进行澄清:

(1)意图(Intentionen)授予语言实体以意义。

(2)语言是合作机制(Institution),它依托于合作而使合作成为可能。

(3)语言合作的专门形式依据于确定的交流理据(Grundnormen)。

(4)因为交流理据不是——如在意图性语义学所假定——约定的(konventionell,纯粹协调场景的解决方案),而是确保合作的(出自合作场景的解决方案)。这一对立论证了沟通性和策略性理性,如果人们承认意图性语义学,在援引心理状况下相比行为主义的竞争理论语言意义可以更好地得到解释。

（5）语言行为和交流理据的高度一致性表达了结构性理性的行为。

（1）意图授予语言实体（以及其他非语言符号）以意义。

没有意图就没有意义。如果蜜蜂不能支配意图，在任何情况下都不能充分理解这样的复杂性，"蜜蜂语言"的说法也就是隐喻性的。一起一落的飞行从一定的角度看意思不是"某个方向有食物"，而仅仅是引起别的蜜蜂基于觅食采取的相应必要行为。起落飞行的蜜蜂追逐这一意向，告知所观察到的蜜蜂有关方向可以发现食物，这个蜜蜂应根据飞舞姿势追溯在有利条件下（从被观察到的蜜蜂那里判断准确性和真实性）准确证据所带来的信号，就是在给定的方向那边可以发现食物。飞舞也就有了指示方向发现食物的意义，这一意义所具有的有关运动（我们可以称之为"信号"或"标记"），不依赖于蜜蜂是否存在一个约定（Konvention），正好将此标记与其意义连接起来。人们不一定接受来自格莱斯[1]的专门

---

[1] 保罗·格莱斯（Paul Grice），英国著名分析哲学家，主要关注语言哲学研究。——译注

的观点[1]。根据格莱斯的观点，说话人的意思是p，他表达了这一意向，是想让听者据此相信p；能够让听者认识到说话人表达的意向，由此看到这一意图是具有根本意义的。特殊场合下意图的多样性是巨大的，因为存在众多有关语言行动的不同类型。统一的特性因此——至少乍看起来——是毫无希望的支撑，这一困境不妨碍做出合理的假定，标记一般的（约定的）意义依赖于使用了这些标记的说话人通常具有相关的专门情形下的意图——如每次刻画的那样。

（2）语言是合作机制，它依托于合作而使合作成为可能。

如果一人对另外的人表达了什么，他这样做并非没有原因的，也即他可以给出这一问题的答案，为何他会如此表达。不同类型的言内行为（illokutionären Sprechakten）[2]标示出可能回答的种类：他想通知、警告、命令等，他的意图所传达的内容是可以借助表达刻画的。有关表达引导的意图不是语言的活动，语言意义可归结为非语言的——信念、猜测、意向、愿望等。一个表达存在（条件）意义，是建立在

---

[1] H. Paul Grice, "Meaning", in: *The Philosophical Review* 66 (1957), und ders., "Utterer's Meaning and Intentions", in: *The Philosophical Review* 78 (1969).
[2] 参看 John L. Austin, *How to do Things with Words*, Oxford, 1962。

它服务于说话人具体条件下的意向经过表达让听者明白。语言具有一般的(约定的)意义,要是语言在特定类型的条件下,合规律地服务于让听者根据表达认识到要达成的确定意向。(具体的有关单个情形的)交流相对于(约定的)意义具有逻辑优先权:要是我不能明白(具体的有关单个情形的)交流是什么,我就不明白语言实体(约定的)意义是什么。

存在交流的共同利益:每个人都爱生活在这个社会里,作为社会的一员相互进行交流。不是每个单个交流都会值得期待:即使各自的交流是被期待的,交流内容违反了听者的偏好,涉及单个沟通的利益分歧一般不会改变交流的共同利益。语言是合作机制,它是机制,因为它依据共同所接受的(规范的)规则(交流理据);语言是合作机制,因为语言要求与决定性规则的高度一致。这不能通过个体局部最优化达到,局部最优化的当事人(各自自我利益或者其他价值的最优化)在许多情况下并不服从根本规则,最终使得合规则的交流不能发生。

(3)**语言合作依据于确定的交流理据。**

如果我们首先观察有启发性的表达,很明显地看出成功交流依赖于说话人是真实的,即宣称它的正确性是有说服力的:"断言你会自动地被它说服。"如果语言团体的成员去形式化[1]了规则的**真实性**(*Wahrhaftigkeit*),这让听者明白他的宣称没有信息价值,也即听者并不信任这类宣称。

真实性的交流理据区别出**可靠性**(*Verläßlichkeit*)的交流理据。语言共同体的成员应该提出只是对他具有好的原因的宣称,第二个交流理据因此不是第一个的变量,因为存在无数的人,倾向于拥有无根据的信念。真实性交流理据保证了信念宣称和主观信念的一致性。这种一致性对于成功的有启发性的交流还是不够的,它不只是关系到语言共同体成员的主观信仰状况,还涉及"外部客观世界"。这里直接地不可取的是,我们可以希望信念有更多的机会是真实的,要是它得到良好论证,但并不足以获得真实性。

可靠性的交流理据要求去除哲学对意见形成的禁忌:"只有你可以建立根据,才会产生信念。"而是表达行为的禁忌:"只有你为这些宣称提供了好的理由,才能宣称某事。"这些规范不能约束他人陷入沉默。人们可以——为了阐释清楚——进行以下补充:"如果你不能为某个信念提供好的理由,你可以将其作为你的信念告知别人,与之相连没有真实

---

[1] 我应用了绘画(ipse fecit)的术语"dysform"表示"不一致"。

性要求。构建无根据的信念不是作为对世界的宣称,而是可被认为是你的主观状态的分享。"好的理由在此是认识论的原因,也是持为真相的原因。毕竟偶尔也存在非认识论上实践的原因宣称某事,即使某人相信这种宣称不符合真实性,人们也可以将可靠性的交流理据作为相对于语言共同体别的成员而言的责任原则进行理解。我用我的宣称影响了意见形成,我有责任为此意见形成做出贡献,使它尽可能深入地与事实相一致[1]。

最后的注释指出了一个专门的哲学问题,这在我的辩护性文章里进行了专门的分析。这里存在一个糟糕的二元论,一方面来自寻求真实性而产生认识论上(或理论上)的原因,另一方面有关个人喜好和目标方面在实践上给定的时段产生于实践的原因,这一二分法在结构性理性那里是不可能的(参看第一章和第四章)。同样,实践原因是(规范的)信念的表达。在语言行动(宣称某事)的特殊类型情况下,两类信念

---

[1] 通过这种构建,也暗含了意图语义学的进一步差异:说话人表达意向,用他的知识让听者实现这种意向,但其意向无论如何在信息沟通过程中都无法充分地进行描述。我们遵循了真实性和可靠性规则,它独立于每个主观意向。即使我希望某人继续他错误的意向,我也是以真实性规则为导向的;当被询问我将什么视为正确和(认识论上)有良好根据的,即使我根本不去追逐这种猜测性的根本意向,我也是想让他相信他明白了我的(这里根本不是给定的)借此使他信服的意向。真实性规则不是以此构建外部伦理原则,而是对交流来说起决定性作用。

(规范性和描述性)和它们各自引导的原因有关。两类信念和原因的整合不是局部的,而是只在商谈伦理学的框架下产生的。在上个例子中,规范性原因的权衡对于语言行动是决定性的,交流对社会合作组织的作用是总体的,也是在此需要注意的一种危险。启发性的交流行动因为缺乏与所谓理据的一致性变得不太可能,它会给予真实性和可靠性规范通常在个别情况下相对于别的规范性范畴的一种伦理优先权。

以交流理据的可靠性陈述(认识论的)原因会成为规范性标准。对此的异议在于这不是直接可得的,这些理据也是主观构建的:"只有你相信存有好的理由,你才能宣称某事。"这一规则是虚弱的,原因总是和人存有原因的信念相关,只是由原因引导的信念的表达并不要求超人世的(übermenschliches)。(认识论的)原因同每个(描述性)信念和猜想的系统相关,进一步弱化这些交流理据会使轻易相信的倾向性变得多余,毕竟交流理据要求的不是真相,而只是被论证的真实性。

一个人可以真实但不可靠。相反的假定并不正确:如果我们假定一个人通过原因引导信念,也即有好的理由获得信念(相反的例子并不存在),就不能说一个人不可靠但真实。一个人通过原因引导信念是可能的,即使他没有原因而拥有信念。对所有拥有这些信念的人有个好的原因来讲，可靠性的交流理据要求与真实性交流理据相同的语言行为。对这样的人来说，真实性交流理据已经足够，因为这类人在经验上是稀少的；真实性交流理据通常并不够用，可靠性交流理据必须另外进行认定，因为反常信念形成的可能性对于包含双方交流理据是有意义的，尽管与可靠性交流理据的一致性在大多数情况下暗含了真实性交流理据。

第三个交流理据相对于头两个来说是派生性的。理性人假定具备理由，作为自我语言共同体的成员表现为高度符合双方的真实性和可靠性交流理据，也就可以信赖宣称的正确性。信赖语言共同体别的成员的宣称，意思是他接受了这一真实性和可靠性。这种非对称关系可以通过以下方式进行澄清，即如果真实性和可靠性交流理据相互隶属，可信赖的交流理据并无规范性地位。信赖某人的宣称在自我局部利益上是具真实性和可靠性的。

语言的合作机制要求遵从所谓的交流理据，另外也要遵循专门的语言约定，它得以使用各个语言工具成功达致理据。对语言用法的专门规则的必要的高度遵循，在言语理论里得到详细描述，它本身可以被看作遵循所谓交流理据的后果，以至于另外的规范性基础看起来没有必要[不依赖于是否在单个言语类别上关涉言内行为(Illokutionen)或语后行为(Perlokutionen)]。明显来看,语言工具不是只为交流目的,还可以"策略性"地进行使用。策略性地使用语言工具总是寄生性的,只有在充分遵循交流理据的情况下才能成功,它承担了语言机制的合作特性。

我们能够用哪些语言的(和其余的)工具相互理解,是高度约定性的:我们也可以通过别的语言的(和其余的)工具获得理解。我们遵循明确的(曾经定立的)交流规则,因为通过这些(即使可能情况下不进行最优化)工具可以更好地相互理解,而缺乏共同接受的交流规则会妨碍沟通,甚至个别情况下无法进行交流。

一个约定 K 通过以下条件得以描述[1]:

(1)来自语言共同体的每个人遵守 K。

(2)每个人相信(1)。

(3)每个人因为(2)存在一个好的理由遵守 K。

(4)如果接近所有人遵守 K,每个人可能想所有人遵守 K。

---

[1] 参看 David Lewis, *Convention: A Philosophical Study*, Cambridge 1969; dt.: *Konventionen. Eine sprachphilosophische Abhandlung*, Berlin/New York 1975.

(5)存在对K的替代项：至少存在进一步可能的约定K，对此(3)和(4)刚好符合。

在此意义上，规则的很大组成部分约定性地引导了我们的语言行为，也即通过约定进行调控。从中进行区分的是交流理据的类别，如真实性、信赖性和可靠性[1]，人们不能将其作为约定，而应作为普遍化（反复地）合作情形的解决办法看待。另外提出——至少对言语类别的单个类型——这一问题：在多大范围内，一般地遵从语言约定（更准确地说，以此对每个言语类别起决定作用的规则）不允许自身作为一种规范性解释？

意图性语义学的经典文本来自于格莱斯、刘易斯、伯奈特和其他在论证的中心位置包含错误结论的人。类似于从规则到行动的功利主义是：如果一般地服从规则最大化了总体收益，并不能得出每个具体的对责任的服从在个别情况下最大化总体收益。类似于：如果存在一般利益，也即每个个别

---

[1] 错误的导向是在意图性语义学里不对语言用法纯粹约定的规则性（Regularitäten）和语言构成的合作规范（我们在此称之为"交流理据"）进行区分。交流理据如真实性和信赖性之类恰恰不是约定的。有人（如刘易斯）对"专门语言L里的真实性"所做的特殊化不能掩盖上述问题。参看Lewis, "Languages and Language", in: *Minnesota Studies in the Philosophy of Science, vol VII Language, Mind, and Knowledge,* Minneapolis 1975。

语言共同体成员的交流利益，交流需要一般地对一定规则的服从，也不能得出每个个别成员在每个条件下都会有服从规则的利益，毋宁是存在可信赖的——在伦理学中多次讨论过的——现象，人们可以不友好地称之为"寄生性行为"（或"搭便车行为"）。例如要是别人继续遵从有关规则，不服从有关规则，对个别人来说收益很大，这就属于此类行为。典型地通过规则获益，合作条件的解决办法是这一个人比其他参与者更少地服从规则，每个局部的最优化行为设置了去形式化的路径的螺旋式上升，最终破坏了交流的基础。交往理性是合作性的，交往的理性人同样遵守（局部的）交流的根本规则，即使不在（局部的）自我利益方面。

上面所列举大卫·刘易斯对"约定"所做的定义以致命的方式模糊不清，因为它混淆了单纯协调与合作之间的差异，混淆了之前定立的导致普遍遵循每个自我利益的单纯约定规则和合作规则之间的差异。合作规则的存在不是基于每个自我局部最优化的利益才能存在，而是（沟通性）行为所依赖的结构性理性路径。上述给定的条件（3）和（4）对"约定"所做的定义对合作规则（一般的结构性理性确保的规则）是无效的，只要人们以流行的和第二章所批评的方法将其作为眼前和自我导向的愿望的表达进行理解。人在这种理解下存在特殊的利益,要是他可以指望别人遵守,个别情况下就不去遵从有关规则。这个不太可能的特殊情况除外[1],即在每个个别情况下局部的去形式化(Dysformität)并不能得出一般的去形式化,也不能引起确保交流的规则失效(或者无论如何可以感受得到);偏好局部去形式化不依赖于是否以及在何种范围别的参与者采取遵守规则的行动,缺乏这种遵从的尺度,人们不再支持已定立的交流规则[2]。

理性当事人可以成功使用达致理解的工具,除非他能支撑共同规则,以及与规则相连的共同知识[3]。天真的理性选择方案根据局部最优化模型不能合理地高度遵守规则,局部最优只有在受到限定的范围内才有可能,也就是在其中施加对交流起决定作用的规则。理解导向或沟通行为以及(局部的)最优(策略性的)行为接受具体个别行动的义务,依赖于理解过程的行动是捆绑在规则之上的,交流系统要承担这

---

[1] 这一现象充其量对小的"一目了然的"语言共同体是可设想的,其中每个成员受制于广泛的社会控制,语言共同体别的成员必须要考虑到偏差行为的局部偏离。
[2] 如前述章节里得出的,这些论证并不以每个情况下或者只在大多数局部最优情况下去形式行动为前提,它已表明每个局部最优缺乏对后果的遵从,因为它对好的起作用的交流是必需的。
[3] 意图性语义学和伦理学讨论有本质性的共同点:与20世纪哲学占据主导的行为主义趋势相反,它将语言现象归结为意识状态(意图和态度),人们可将其视为唯心论的哲学传统观点的复原。意图性语义学在此依赖于理性构想,这在英语语言里继续被接受,在现代决策论和博弈论里构成了特有的科学学科。基于恰当的理性构想所表达的反对意见发现了这种根本的共同点。

一规则。相应地遵守规则在许多情况下通过学习到的语言行为"自如"运转，我们唯独不是有意如此。行动选择发生于限定的范围内，被施加了对交流起根本作用的规则；相比于这些规则，存在寄生性行为也是可能的，即要是想达成别的目标，为了自身能够逃避规则，其他的交流参与者就会强调这些规则。没有高度遵循真实性、可靠性和信赖性的交流理据，语言共同体不可能存在。

第七章 结构性意图

人存在两个基本的主张态度(propositionale Einstellungen)[1]：一是认识论的(*epistemische*)；二是意动性的(*konative*，根据罗马时期斯多葛派所使用的术语 *conatus*)，或者选择性的(*prohairetische*，借用古希腊术语 *prohairesis* 表达偏好、态度、企图)。一个主张态度相对于主张而言，是一种态度(Einstellung)或立场(Haltung)，用英语说就是 *attitude*，用古希腊语讲是 *hexis*。

如果我期望明天阳光灿烂，我就有了确定的认识论上的主张态度，这一主张是"明天阳光灿烂"，我的认识论态度期望这一主张，或者我的主观符合这一主张的概率接近或等

---

[1] 主张态度(propositionale Einstellungen)，"propositional"所对应的"Proposition"可译为提议、建议、见解、主张等；"Einstellungen"可译为看法、态度等。这是作者的一个核心概念，具体可分为意动性态度和认识论态度。所谓认识论态度似可译为认知性态度，以下根据语境调整。——译注

于100%（或等于1）。认识论的态度在（描述性）信念、期望、猜想、确定性、假设等的形式里涉及这一状况过去、现在和未来是什么。如果一个人的认识论态度是连贯的，也就在主观概率的功能形态里得到了描述。

如果我希望明天阳光灿烂，我随之就有了相应的确定意动态度。这一主张是"明天阳光灿烂"，这一主张的意动态度是它的愿望，意动态度涉及愿望、希望、意向等形式里过去、现在和未来的状况是什么。如果一个人的意动态度是连贯的，也就在主观如愿性的功能形态里得到了描述。

态度可以随着时间而改变，但是它具备主张的特性：它表现在相应的判断力和行动中，满足当时确定的条件。一个人的认识论状态描述了某种抽象性：有关人认识论态度的整体发生于确定的时间点，因为一个人的认识论态度不是孤立的，而是连接于复杂的网络，包含具体的感知判断力，如理论和背景假定，也可以联系到认识论系统。同样适用于主张态度，因为双重原因类型的主张态度基于相互连接的表达形式（判断力和行动），总是涉及一个而非两个认识论和意动性主张态度可分解系统的独立部分。

理性人表达主张态度是有根据的，这适用于认识论和意动性态度。一个人的理性仅仅在结构里表达——包括时间结构,也即动力机制——认识论和意动态度。

行动是通过不同种类的意图得以突显的,没有这些意图就没有行动。人们可以区分出意图的三个原因类型,独立于意图的各自内容:a. 行动引导的意图是对行动起决定作用的意图(行动作为受控制的行为);b. 准备行动通过行动自身得到实现(决策)的意图;c. 激发行动做出选择(激发性意图)和不是通过行动自身而是例如通过它的后果得到实现的意图。受激发的意图不一定会通过行动后果得以满足,行动嵌入到更大的结构关联中也能满足被激发的意图。在本章里结构性理性的意图会得到阐明。

意图是意动态度的特殊类别。意图是作为同一意动态度进行描述的,它指明了严格的行动关联。意图不是简单地被给予的,而是通过理论和实践原因的权衡而来的结果,意图总体上被嵌入到了认识论和意动性态度的系统中。

如果人们假定在原因中不准分割之前广泛论证的目标是可能的,那么正确的是:一个理性人认识论状态的根本组成就是权衡(理论的)原因的结果,这一(理论的)原因的权衡摆脱了感知到直接(因果性的)后果的信念,(实践的)原因的权衡摆脱了喜好(如我们本章节里所应用的术语)。一些(描述性)信念十分依赖于理论,比如宇宙中星星数目的信念是否符合事实，或者需要对在我们看来天空是蓝色的负责的原因。我们生活世界的（描述性）信念进一步独立于理论假设：我们可以明白关于生活世界的事实，而无须统一意见认为，哪些（科学的）理论符合实际。我们可以理解我们人的生活世界，它并未带来科学的理论知识。我们行为在生活世界里影响的意动性态度很大程度上独立于伦理学理论，我们能够理解原因和相反的原因，而不需要统一的伦理学理论；人们可以批评我们的行为，对此无须用到伦理学的理论知识。

不只是在认识论上，还有意动性（选择性的）状态会受到原因的影响。不是每个（描述性）信念以及每个意动态度会以同等的方式有能力和需要论证，存在或多或少的基本信念或者意动性态度，构成实践和理论论证链条的出发点。通常这些有关我们认识论和意动系统的因素并未根据详细论证提出问题，这是由于它们在人际间有广泛的同质性，因而是无争议的。意动态度和实践原因是紧密连接的，正如认识论信念和理论原因。我们一些信念因素避开了我们更详细的论证和合乎论证的批判，正如一些意动态度因素避开了我们更详细的可论证性和借助于实践原因的可批判性。

行动不是意动态度的因果性后果，行动通过描述性信念得以修正。行动是提出意见的结构,它整合了理论和实践原因。这里行动是意见提出的结构,不是根据认识论和意动性状态因果性地确立,因此每个行动揭示或代表了每个认识论和意动性状态的因素。这一揭示也不是简单的代表,行动将行动者的心理状态公布于众。行动者有特权继续通向自我心理状态,逻辑行为主义的语言哲学在此范围内导向了错误。一个行动是理性的不是仅作为达成先前给定的(描述性信念)和反理性(意动态度)的工具而已,行动的理性是认识论和意动状态本身的理性表达。

为了论证描述性信念,我们可以求助于不成问题的信念和信念之间不成问题的联系(所接纳的条例、法则、理论),这些涉及这一主张的一般特征,我们可以从中坚定地相信,它是符合实际的。理论原因明确地涉及别的看起来真实的主张——大多数也是明确涉及理论的(即使不是强制性科学性的)假定,它将真实的主张与不真实的主张连接起来;它的发生总是包含在一个背景假定方面不易操控的主体事项里,正好属于一般描述性假定,如关于空间和世界结构,如理论形成方法、概念前提、结论规则等。描述性信念的理性依赖于两个方面:一方面嵌入到有关人认识论状态的结构里,一方面要有别人充分遵从这一结构[1]。

　　这完全类似于实践原因领域的情形。论证意动态度求助于无争议的意动态度和联系(条例、规范性规则、规范性理论)。我们意动系统的无争议的元素相互连接，允许产出与有争议元素之间的连接线。人们可以正式地将实践原因看作意动态度的这些元素的称号，并对意动态度为理性人引导行动负责，在此可以得出从这一丰富的主体事项里暗示的背景假定用法，包括例如确定的变量假定(如公平条件)、重大标准、规范性理论形成方法、去本体论逻辑的规则，还有规范性基础原则。意动态度的理性——个人愿望或者伦理学信念——依赖于有关人意动状态嵌入到结构中，别人足够遵循这一结构。

　　描述性信念的理性依赖于它嵌入到认识论系统的结构中，意动态度的理性依赖于它嵌入到意动系统的结构中。在描述性信念的情况下，科学哲学确切地说研究不同的嵌入关系。一些论证具有本质上演绎的结构，别的则是归纳性的结构；在科学上恐怕最重要的是还原性的(或者外延性的)——偶尔被称为"最好的解释终点"。不同的论证形式

---

[1] 参看 Ludwig Wittgensteins Bemerkungen "über Gewißheit"。

代表了不同的嵌入方式，相互之间并不是竞争关系，而是在生活世界和科学里构成了一个在完全连贯性上运用的论证形式里的框架。

实践论证区别于理论论证是基于论证的来源，而不是在论证的形式里。同样，在实践论证里，演绎、归纳和还原论发挥了作用。如存在局部和结构性描述性信念，它涉及单独的对象行为，也涉及规则性和合法则性，存在这样的局部和结构性的规范性判断。我们的描述性判断在理想情况下代表了连贯的概率职能，我们的规范性判断在理想情况下代表了连贯的愿望职能。决策论因此不是与认识论和意动性态度的不同解释相竞争，而仅仅是一种方法，检测基本连贯性和总结性地（简化地）代表意动和认识论态度；这种代表体现于描述性或规范性判断，通过概率和愿望职能相互交织地连接在了决策论里。这种相互交织的联系在意动和认识论态度的类似结构里得到自然的阐释。本章我们只对一种特殊类别感兴趣，也即在意图结构范围内将论证嵌入其中。

我们先举个无伤大雅的例子。我坐在餐厅里，在所有供应的餐点里，大多会点份沙司意大利面。现在要吃这份面的愿望是通过期待获得确定舒服的感受激发的，要是再搭上这间餐厅里供应的白葡萄酒就更好了；这种获得舒适感受的期待是促成愿望（意动态度）去吃面的好的原因，它初看起来是个好的理由；不言而喻，通过相反的原因，比如走过去发现厨房被弄脏了，或者意大利面只是被重新热过而已，在这种权衡下这一原因具有了更大的权重，以致先前的愿望——现在要吃一盘沙司意大利面——也即不复存在。存在问题的愿望通过自身行动如点餐等推测性地得到满足，它是（初看起来）论证行动的权衡结果。如果我现在告诉服务员相应地放弃点餐，这一行动也是通过以下意向激发的，即以后可以实施吃一盘面的行动。为了放弃点餐，我必须准备好别的行动的整个系列（可能首先要引起服务员注意，表达一定的语言调整自己等），我做所有这些行动不是为了这些意愿本身，而是为了放弃点餐；我放弃点餐不是为了意愿本身，而是为了能吃到面。这一"为了"关系是行动意向（意图）之间的关系。

如果我有此意向，即执行确定行动 h，且我有（描述性）信念，即执行 h 需要进一步做出行动 $h_1, \cdots, h_n$，然后自身构成了一个整体意向（结构性意图），它包含了这些整体后果 $<h_1, \cdots, h_n, h>$。在此情况下，$h_1, \cdots, h_n$ 工具性地基于行为 h 成为各自的后果；h 是有意的，$h_1, \cdots, h_n$ 只是基于 h 而有意产生的。

即使存在更多的路径可以去做h，做h的愿望（在一定条件下）构成了"路径"H的一个根据。确定实践理性最优化构想的人尝试将我们生活世界实践论证的这一属性以下列方式进行解释：因为我们只存在权衡替代选项（路径）的有限时间可供支配，在此为了实现h，相比于别的可供利用的路径，要求对H的专门选择做出尽可能的权衡，并没有意义（会产生额外的成本）。缺乏充分的信息让人——至少部分地——通常是有意识地漠视不同的选项，因此事实在于为了论证H，从路径H导向h已经足够。一个不追溯到最优化形式的方案可供利用，因此根据h被论证的愿望是来自H的好的论证，不管是否可以利用别的路径H'，H''…。首先，初看起来的原因不支持H，比如存在别的路径指出了明显优势；必须要为H准备别的论证因素，也即另外可行的是，H是达到h的一个路径。布里丹之驴[1]会被饿死，因为它在两堆无差别的干草面前找不到理由应该去吃哪堆；最优化的人

---

[1] 布里丹之驴是出自14世纪法国哲学家布里丹的悖论，即他认为一头驴在面对两堆同样的稻草时，不知该如何进行理性的选择，因而饿死。有人对此表示怀疑，提出人们面对这类情形时并非总会陷入两难的选择。从生活中的日常理性来看，人们也会做出更多的选择，比如随便选择其中之一，或者脱离开这一情境而选择其他更好的出路，这同样是有理性的。相反地，坚持局部理性的选择本身，也导致了非理性的出现。这一问题在作者论述当中也很重要，可参考作者后面在第一部分末尾"连贯性和结构性理性"一章当中对此问题的详细讨论。——译注

在无差别面前会选择最优化的一种行动,而不能给出理由,结构性理性可以为他的行为给出好的原因。

我们生活世界对实践理性的理解要求我们意动态度的连贯性,这意味着在相互交织的意图情况下,要满足确定的必要条件。生活世界对实践理性的理解要求的不是论证最优化。我认为以"生活世界的理解"来说没有理论,而是理论在我们生活世界里可以建立实践考察行动原因。

行动意向通过行动得以满足,它具备不同的时间和私人范围。明天戒烟的行动意向包括了我们生命整个其余的时间间隔。和另外三人共同将钢琴抬进别的房间里的行动意向通过行动得以达成,它包含了四人和一个相对短暂的时间间隔。通过行动达成意向不是全部在行动者的控制里,在决策和行动之间会出现阻碍状况,在通过多人行动实现行动意向方面,存在对别的参与者决策的依赖性。我们可以提到广泛的或不那么广泛的意向,在达成行动或多或少发生了变形的范围内而言。

比行动范围的时间和私人方面更有趣的是谈判行动的分解。最少的行动是原子行动,在此意义上行动不可被进一步分解,相应地"局部的"和"结构的"属性是重要的(还有渐进的):一个行动 h 相对于别的行动 H 是局部的,是在 H

范围内通过 h 到进一步的行动 h'，h" 得以实行的。为了执行点餐吃面的行动，必须执行众多的单个行动，这些单个行动 h_1，h_2，…，h_n 相对于点餐吃面的行动 H 是局部的。也许举手引起服务员注意是一个原子行动，也即在正常条件下这一行动不能通过执行别的局部行动得以执行。我将一套原子行动的说法看作是误导性的。行动是否是原子行动依赖于语境，特别是行动者的意图状况。在上个例子里行动通过意图（行动意向）个体化。

如果 H 通过执行 h_1，h_2，…，h_n 得以实行，那么 h_1，h_2，…，h_n 同时也成了 H 原因的原因。如果我想点份面吃，它的实现是通过我实施了系列行动的后果，如"调换座位"，"举手"，"表达确定的语句"，"点头询问"等。每个局部行动在行动的链条上得到论证，是通过点餐行动成立的（通过我的点餐吃面的愿望）。点餐行动相比于单个执行的行动是结构性的。我的结构性行动意向为我的局部行动意向建立根据，这在点餐吃面的例子里最大程度地得到批准。如果总是结构性行动的执行充分"接近"局部行动的执行，在结构性和局部意图之间的论证关联会被视为琐碎的；只要这种差距变大，这种琐碎性就会陷入与确定的尤其是后果主义铸造的理性概念的冲突中。

我的局部行动参与到抬钢琴中。如果存在结构性意图的好的理由,是通过结构性地共同(四个人)将钢琴抬出去成立的,也即存在事实本身的一个好的理由参与到这种活动中。因此不应排除一人具有结构性意图,同时找到理由再次提出参与问题。它涉及实践冲突,即出自乍看起来相对立的原因的冲突。例如这人会去评估自己拒绝参与这一活动会导致别人认为所希望的结果(钢琴抬进别的房间)不用自己消耗体力就可办到。要是在权衡中这一原因占据主导,也就不再存在与其他三人共同将钢琴抬到其他房间的结构性意图,自我参与局部活动也就不在结构性意图范围内建立根据[1]。

原因关系只是仅仅从"上面"到"下面",也即从结构性运转到局部性,它是权衡行动原因不可或缺的组成部分。广泛的意图分解在局部行动和它的愿望的层次上,并被包含在整体权衡之中。某人具有戒烟的意向,必须要考虑到这种不足,即放弃每次局部行动,尤其是开始达成随之而来的结构

---

[1] 一个对于分析集体意图性现象十分重要的贡献出自拉伊莫·图奥梅拉经年所著,参看 *A Theory of Social Action*, Dordrecht 1984; *The Importance of Us*, Stanford 1995; Raimo Tuomela, *The Philosophy of Sociality*, Oxford University Press, 2007。可惜的是这些分析嵌入在了实践理性理论里——或者至少指出,如图奥梅拉所命名的"我们意图"(Wir-Intentionen)是和理性选择论的标准模型相一致的——是不正当的。我对此有简短的介绍,可见 JNR, "Structural Rationality and Collective Intentions", in Chant/Hindriks/Preyer (eds): *From Individual to Collective Intentionality*, Oxford Univ. Pr., 2014。

性意图。如果结构性意图相对于局部行动的愿望信息是稳定的，它（部分）实现了结构性意图，这个人就有连贯性的意图，并在此意义上是理性的。完全不重要的是行动在局部上是否被当作最优化的，也即行动仅仅在个人幸福（享乐主义计算）的后果上被评判的情况下，我从行动中获得幸福时间积分的期望值是否得到最优化的问题。类似地，这一论证为其他——非后果主义的与非享乐主义的——行动构建了鉴定标准。

如果局部行动意向构筑的现象结构性地来看不会被考虑到，理性行动意向的形成不会得到理解。既然不同的路径是可以设想的，如实践理性理论可以考虑这些现象，存在将各个结构性意向如此解释的尝试，即它暗含了局部的（逻辑的）意向。明天戒烟的结构性意向暗含了局部的明天不去吸烟或者（局部的）早餐后不点第一支烟。结构性意图特性的简单修补妨碍了这些解决路径：结构性意图即尽快戒烟。许多吸烟者曾经尝试戒烟，熟悉的论证是人们今天或者明天戒烟（超过20年的吸烟经历）是否尽力而为其实是不重要的；事实上要是我再吸一天，我们的健康状况5年内没啥区别，因为这里我的结构性意图真正的目标是尽快戒烟，而不是戒烟5年得到的全部特征——如医学研究所称——即使这一论证是符合实际的。论证了 1825 次，当然会导致我的健康状况从今往后计算 5 年内相应地也就吸了 25 年烟。当人想防止衰老，可以在分析中追溯偏好或感知的门槛；如果最为局部的行动单元是这样的，鉴于结构性意图对重要后果所产生的效应只在感知门槛之下，如此就不存在结构性意图向局部行动最低层次转化的动机的可能性。局部最优化的人会遇到结构性意图的整体复杂性——我们可以假设得到了良好论证——也即每个局部行动不能满足它的结构性行动意向，除了发生意外。

即使给出了行动评估尺度，局部和结构性理性也不会分开，这一问题绝不会被消除。实践理性理论尝试确定理想的（理性）人的行动动机。看来理性人的一个本质特征是他的行动部分地遵从了结构性意图——完全独立于是否存在替代计算方法，没有结构性嵌入也能维持。局部性意图鉴于结构性意图清晰表现出来；选择局部行动是考虑到它应该是行动后果的组成部分，它满足了结构性意图，因而是理性的。局部的行动要是不在更大的意图结构的关联之下，不能被视为一个理性人的特性。

第八章　意志薄弱和行动责任

一个人要是局部性地做了他所视为结构性理性的事，他的行动就被认为是意志坚定的。意志薄弱表现在结构性非理性及局部的最优化。意志坚定是负责任行为的前提。责任感知要求在一定程度上不依赖于每个（局部的）条件。在最小意义上，人们包括意志薄弱的人也要为他们所有的行动负责。

人们在其行为中不会自行遵守他所支持的结构，其动机是多种多样的。出于眼前喜好做的事情从长远来看并无意义，每个人倾向一时的贴现，也即与行动后较长时间的作用有关的原因，开始较少会被当作涉及较快发生的行动作用的原因；长期来看，它导致了（个人内部的）行动结构，在行动者自身看来不值得追求。在此涉及的不只是长短时间行动后果的权衡，行动局部性地被视为在其中间和长期后果之中获利很多，尽管通过这类局部行为出现的个人内部的行动结构是不利的。

人际间的合作问题(参看第五章)具有个人内部的对应物,类似之处在于人们在不同的时段里会有不同的爱好和评价。形象地说,必须要相互协调不同时段上不同的意动和认识论态度,尽可能地获得连贯的生活。人们之间存在的变量类似于生活中跨时段出现的个人内部的变量——并且关系到意动态度和认识论态度。

概念问题,被称为实践理性理论里的意志薄弱现象[也即自制力(akrasia)],首先指出了实践理性的标准观点(参看第一章)在根本意义上是不充分的,因为这一确定的理性在涉及给定的认识论和意动态度方面是工具性的。自制力现象必须在给定意动和认识论态度内部在确定的时点上进行重构,很明显它远远忽视了生活世界中意志薄弱的经验。对行动的意志薄弱的主观感知,一方面依据好的原因相互冲突的洞察,另一方面依据对眼前爱好的弹性。

第二章论证了行动根本上不是从认知态度里调整喜好的结果,而总是代表了一个可接受的实践原因。在结构性理性方案框架内重构的意志薄弱的问题是:一个人接受了一个行动原因,他的行为是以这一原因为导向,从此原因中行动自身假定这个原因不应是决定性的,而是同其他(广泛结构性的)行动原因相抵消,结果会是怎样的?

颇有意味的观点是自制力与局部最优化和结构性理性的冲突相联系,这已经出现在经典哲学论题的中心段落里。有关论题在《尼各马可伦理学》[1]里大部分得到了别的解读,它意味着实践理性的标准观点的认识是多么笨拙。亚里士多德提出这一问题:不能自制(akrates,缺乏自控)破坏了什么?"单个意见隶属于一般意见,别的意见隶属于自身已经感知意义的单个意见。现在支持双方的一个核心结论,必须首先得到阐释。例如,如果人应该尝所有的糖,这里是单个的糖,这块糖就在这儿,行动没有被阻碍,同时必然要表现出来。如果现在存在一般意见,即禁止品尝,还有别的意见,即所有的糖都很甜,这一确定的糖也很甜(这一意见起作用),假设另外存在一个欲望,建议采纳第一个意见,人们应该避免受此欲望的牵引。这人通过一定方式获得理解,并不受这种意见的控制。这一意见不是针对自身,而是顺带的(总是与此欲望相反而非意见)对抗真实的认识。受此原因影响,动物也不受控制,因为它没有一般性概念,而只有

---

[1]《尼各马可伦理学》(Nikomachische Ethik),亚里士多德有关伦理学最著名的一部著作。全书大致分为十卷,而一般认为第六卷等较为重要,介绍了所谓理智德性及其构成。涉及自制力的可见第七卷,亚里士多德介绍了围绕自制与缺乏自制的六种常见意见,并重点分析了不能自制的相关关系及其表现。——译注

单个事物的概念和记忆。"[1]

肥胖看起来是眼前的胃口超过了他理智上应该吃的量，这并非是没有原因的。人们对此条件进行的分析是不充分的，他将这一行动解释为眼前喜好的单纯表达。肥胖的人选择饮食会考虑到，他要通知服务员按照所期待的样式准备饭菜，甚至建议和考虑到每份饭菜要摄取多少卡路里，其导致的行动不会迁就对现时喜好的单纯反应。事实上肥胖者可以给出他为何恰恰做出如此选择的最终答案，在此回答中，口味、有益健康和自身喜好发挥了作用。选择饮食是对所接受行动原因的表达，尽管这一选择如我们所假定的那样，是结构非理性的。许多情况下，人们不会恰当地隶属于时间进程中不同程度的认识。正常情况不是肥胖者因为吃喝认识到了肥胖原因，相反他还会准备饭菜、有意吃喝，或者不管怎样随时如此，而不改变他的行动方式。不充分的分析将意志薄弱归结为他不求原因但求喜好。

意志薄弱的人追求原因，他不这样做就不会行动，也即他不再对此行为方式负责。肥胖者很清楚，他随时可以表现不同，不需要直接在他现在的胃口和选择以及饮食之间产生

---

[1]《尼各马可伦理学》1147a—1147b。

关联。他决定采取这一行动,任何时候都是充分理性的,认识到反对的结构性原因也是如此。为了理解这些行为,仅仅需要采用(柏拉图的)概念,即每次所选择的行动代表了人对有关原因的最好认识。

决策论的**显示性偏好**(revealed preference)概念代表了行动的偏好(或者说归结为人的这一偏好,它表现在根据所提供的确定选项相应的行动上),结构性理性的构想和对与之相连的行动的理解力被转译为只在完全理性人的条件下对于肥胖原因的表达。意志薄弱的人不是完全理性的,他根据原因而行动,从中他知道消除肥胖的原因;但是他的行动不是没有原因的,就此而言,他的行动也可以被归结为是由意志薄弱导致的。意志薄弱的人也要为他的行为负责。

我们必须尝试恰当地理解以下两种看法:一方面的观点是每个行动都受原因的引导,就此而言,人们对其所提意见及其后果负责;另一方面是别的存在意志薄弱的观点,现实中的人经常不会将其看作决定性的,或者接受他的行为后果的原因。人们可以应用责任和行动的两重概念,即一个人要对他的每个行动负责,每个行动是意见的表达,即使一个人显示出意志薄弱也同样有效。行动当然是意见的表达,只是在人具有理性的最小意义上。没有最低限度的理性,人们不会有原因和行动，也不会有责任可以追究。

如果人跳过渐进看法，可以更好地理解意志薄弱和责任的复杂性。责任能力（Verantwortlichkeit）存在高低不同的程度，行为存在高低不同程度的行动特性，它可以将高低不等的认识通过好的原因进行引导。

意志薄弱对结构性理性方案构成不了概念性问题。我们以行为追随原因，当然不是总会最好地认识到意义重大的原因。偏离最好认识的形式被称为意志薄弱，它被作为结构的（结构性）和局部的（局部性）原因之间的冲突得以重构。积极地讲，意志薄弱表现在结构性理性行为中。

为何我们的孩子不用为他所做的事负责？答案在于他缺乏必要的认识，他的行为没有经过原因的权衡。承担责任的意思是要追问哪些原因引导了他的行动，对此他不能够给出答案。

例如在语言学习的初始阶段，小孩子开始学着给出这类问题的答案。他们为他们要想达成的目标命名，开始只是用手指指向他们要追求的事物。这被追求的意向首先是很短暂的，小孩子们会很迅速地错开所追求的目标，只要大人将他的注意力引向别处。他的行为是出于眼前事物，通过放弃或者忘记先前目标，对外部变化做出的反应。要是不能达成某事，他就会很快失望，他的音调会突然发生变化。孩子式的行为是意志薄弱的，因为他缺乏较长时段行动原因的结构化。

一个行为被视为行动，需要我们加上由此展开行动的原因。小孩子询问目标指向，命名原因，由此这样行动，有关行为无疑具有行动特性。所引导的原因当然是短暂的和情境相关的，它表现在眼前喜好里。孩子升起一个愿望，然后立刻全力投入满足愿望。对这个孩子来说，这一愿望在严格意义上说是不可抗拒的，相应地，要是愿望不能得到满足就会更加失望。小孩子会轻易通过新的事物突然之间转移注意力，由此离开目标，他不可能——例如认识到达成目标是多么困难——与新的愿望保持距离。形象地讲，在将要出现的愿望和行为努力实现愿望之间完全没有间隔，中间存在的仅仅是对哪些工具适合满足这一愿望的基本评价，对复杂的工具性权衡也缺乏距离。为了克服实现目标要走的弯路，疏离眼前喜好是必要的，也是一种能力，它能维持克服挫折经历的愿望。

小孩子是局部性的至少是短暂最优化的，错过——自身所提出的——大部分目标，他做出行为的控制力范围首先是很小的。相应地，他的行为的行动特性表现微弱，控制力是

第八章 意志薄弱和行动责任

局部的和短暂的,缺乏将行动嵌入到更大的结构关联之中。这一论断自然表明,小孩子的行为总体上多少不会隶属于严格的规则。行为的控制力在(成长中的)人来看是局部的和无规律的,即使这种行为总体上可能显示了清晰的结构。孩子的个性成长到一定程度,总会在更大的领域内控制他的行为,然后承担他自己生活中与日俱增的责任。他的行为的更大领域总会获得行动特性,然后会不断地认识到行为所产生的持久的结构。

准确地说,这一行为组成是由所接受的原因来引导的,因而具有行动特性。准确地说,一个人要为控制力下的这一行为的组成部分负责。他将这一组成部分置于控制力之下,它就成了行动。行动代表了所接受的原因,只要行为是由原因调控的,也就具有行动特性。如果行动者充分遵从理性,行动代表的只是原因。实践理性表现在由原因引导的行为上,一个人缺乏实践理性,也就不为他所做的事负责。对他的行为负责的前提是他的行动理由受原因调控,其先决条件是人能与他的生活状况——他的文化和社会影响以及他的现实利益——充分地保持距离,行为并以此原因为导向。只有对他所做的事能够提供意见的人才要对此负责。

这里提出一个问题:人们是否可设想一个人,尽管可以提出意见解释他所做的事，但是没有能力在他的行为里每次提出意见符合权衡结果？我们假定，一个人对这一结果进行权衡，所有好的原因支持一个确定的行动，他同样直接地观察到他是如何得出另外一个行动的。如果这样的设想保持连贯，也就存在行动反对他的意见的人。事实上这一设想是不连贯的，因为在描述清晰的情况下，行动反对意见只有在人丧失控制力的情况下才有可能。例如人的肌肉消耗电量，以此方式引起痉挛，既非直接也不是间接地被注意到。这种情形不是只可想象，在经验条件下还可达到，但是它改变不了这一论断。完全没有意义的是，将这样非意图性的肌肉痉挛引起的动作解释为行动，可能会是观察者看到了这一动作，不知道根据哪些因果性机制导致出现行动的外部形式；但是按照他的解释，他会提及被迫的肌肉痉挛和由此引发的规律，一定不会提到这人相应的行动。这一肌肉痉挛一定程度上不会被归结为此人缺乏自制力，因此不会相应地展开行动。

同样，意志薄弱的人根据意见进行行动。当然根据这一意见他会与别的意见形成冲突，它具有如我们所称的**结构性特性**。意志薄弱表现在这人接受了不恰当的眼前情况下的权重，这里说的正是临近的意见，尽管它与更好的认识相违背。人会正确地权衡他的行动原因，为他的行动做出的决策并不(全然)符合这一权衡。因此意志薄弱的人的行动也表达了一个意见,它显示出眼前在他看来最为重要的是什么。

例如一个瘾君子会直观地做这些,丧失意志的瘾君子做出的决策经常与更好的认识相违背。他知道——结构性地来看——最好的情况是结束这种渴求行为,然而单个情况下他做的决定还是会继续这种依赖行为,因为他不恰当地赋予了局部情形特征以更大的权重。他避免了其他情况下在"冷酷地"戒掉毒瘾后会被排除的痛苦感受,因为这里的痛苦在此时只是作为期待选择,而非现实在场的。可以理解渴求行为本身通常也有行动特性,它依据——当然局部性地——对原因的权衡。瘾君子**决定**相对于长期自由而选择短期避免痛苦,行为的非理性在于局部最优化不符合结构性愿望。瘾君子类似于孩子的行为:局部最优化占据主导,不能支持行为通过所接受的原因而来的长期结构性影响。在最小意义上,瘾君子要为他的行动负责,他的意志薄弱限制了负责任的程度。

这一条件可以思考得更加尖锐。极端情况下瘾君子感受到了浮现的痛苦,他在避免痛苦的意义上进行行动,可能只会反思性地尝试避免这种行动方式;他的行为的一部分失去了行动特性(不再将其归为行动),对此他根本无法承担责任。

存在责任的唯一真正的形式,它和自身自由行动有关。

责任是个体性的，它与行动者的意图相连接。"责任"、"自由"、"行动"是紧密联系的，只是同一事物也即个体意图性的不同方面。伦理学文献里广泛地区分了责任类型，容易导致混乱的产生。一个行动要对第三方负责任，是系统派生而来的，负责任是言语历史性的（wortgeschichtlich）责任概念的出发点。相对于别人，我只负责我要负责的行为组成部分。同样有效的，是进一步区分所谓后果责任。一个人只能在他行为——派生性的——的后果边界上承担责任，因为它是真正自我行动的后果，也即在控制力下自我意图的结果。

一个人在此既不为他所有行动的因果性后果派生性地担责，也不是仅仅为他行动的因果性后果担责。存在自身行动的因果性后果，对此没有派生性责任；也存在事件的派生性责任，它不是自身行动的因果性后果。在结构性理性框架内，这一反常的派生性责任是可以得到解释的。

政党选举是派生性的，即使它缺乏（连带）责任范围，所选举的政党接管了政府，调整了具体政策中选举所公布的纲领。对单个选举人来说，自己的投票对政府掌权和具体的政治后果方面没有因果作用；要是不投这一张票，选举结果和他的政治后果也不会改变。对于伦理学和理论理性的后果主义来说，这带来了一个根本性的问题。对于结构性理性方案来说，相反它对于——结构性的——每个意图是决定性的，它确定了人要承担哪些首要的行动责任。决定性的是——在完全理性人总是结构性的情况下——行动引导的意图，它确定首要责任的内容。一个理性人投票不是根据所期望的因果性后果，而是有结构性意图：在这种期望中，别的类似政治信念的公民要贡献出可能选举后果的相应部分，承担他自身的份额。他的结构性意图将个体类别视为所支持的集体行动结构的组成部分，只有这样他才能获得意义。相应地，后果责任表现在：所有资助这个政党的共同的结构性意图是——集体性地——因果性地对它的选举结果和政治后果负责，这一集体隐喻的责任对应于随之而来的结构性意图所刻画的单个行动的首要责任（等于个体选举，所表达的意向是承担了选举后果的一个份额，实现了他单个的政治后果）。在完全对称的情况下，人们可以提到——相应地，他在选票数目上承担了个体派生的后果责任的（$1/n$）。单个的人是这样对一些（派生的）并非通过他的行为引起的事承担责任（并未描述因果性行动后果）。

相反的情况也是有效的，即单个的人不对所有他的行动可以认出的后果承担派生性的责任。如威廉姆斯的例子，一个旅行者拒绝射杀一个无辜的村民，民兵随之威胁这会导致所有人被杀光。他不承担派生性的后果责任，仅仅由民兵承担这些，因为民兵的行动意图暗含了这些人的死亡，他的意图的实现产生了这一结果，对于这些死亡单独要承担责任。行为的结构化通过意图不只涉及看得见的行动后果，相应地，不存在出自（看得见的）行动后果和派生性责任之间的简单对应。广泛的（也即包含派生性的）行动责任对应于行动者具体的意图结构。

第九章　连贯性和结构性理性

行为变成行动,是在他能控制意图以及表达了(规范性)意见的情况之下。"在这一条件下我应该做这些,因为……"(所引导的意图)。因而行为增加行动特性看来是伴随着理性化而来,一再重新权衡行动选项,持续控制自我行为,规范性意见的较近后果对理性人特性来说吸引力更少。当然决策论在此提供了准确阐述的要求,只在这样的情形下权衡不同的行动选项。这一权衡(例如花费时间)的期望成本比期望收益更少,它表现在根据有关决策的权衡在许多情况下比不去权衡表现得更好。这一要求按照结构性理性来说,指向了别的方向:它不是对局部决策想法的限制,而是嵌入在了表彰理性人的广泛结构之中。

先前给定的也即每个理性控制被抽出的行为结构在理性化过程中破裂,到预定的行为模式的位置上出现了局部决策的紧密后果。每个时间单位不只是纯粹数目,每个决策想法的高度复杂性必须得到简化。结构性理性为此提供了一个方法:通过为跨越的(行动)结构所做的决策,每个时间单位单个决策的数目减少,每个权衡的复杂性降低。结构选择是个体自由的表达,它设立了伦理习惯的条件,产生了新的行为模式,使个别情况下的权衡变得多余。

多余的权衡仅仅和理想情况有关。考虑哪些可供利用的行动方式会最好地影响所选择的结构,而局部最优化方面仅施加了认识边界,它的处理能力(Verarbeitungskapazität)确定了自我行为的理性化程度,因为结构性理性的人为了考虑结构性行为,不会允许局部最优化摆脱这一结构,以此方式与局部最优相反,迅速冲破能力边界。相反的观点认为,实践理性的意外收益减少了决策想法的复杂性,根本上为此约定设立了范围;一开始,结构性理性的人选择一个生活方式,他在每个个别情况下是不会偏离这一生活方式的根本结构的,他这样选择行动,以此支持和推进了这一结构。结构性理性方式构成的虚构人物符合单个决策,也即连贯性的生活方式,解除了所有局部权衡,关注直至每个个别行动被嵌入到那些构筑这一生活方式的结构中。

现实中人会来回进退,也即他面对具体的决策情境时,对结构进行决策和修正。现实中，人知道他的决策原因的不可权衡性，并给予了一定的考察期限，面对具体经验的调整，他会特殊化、限制和修正这些经验。现实中的人存在的原因决策不是在开始阶段，而是处于日常单个决策持续不断的紧张关系中。对局部最优来说，存在意义上的原因决策发挥不了作用，因为它只是与因果机制相连接，对它来说不可能自由选择将单个决策嵌入到结构关联中；而结构性理性人保持了自由，因而享受实践理性的好处，也即连贯性生活导向。

不存在正确选择生活方式的外部标准。结构性理性的方案不为新的规范性基础主义提供辩护，规范性权衡不能支撑判断的定理，不能支配具有内在价值的统一理论。我们不能使用如古典功利主义里的享乐主义价值标准，生活方式仅仅衡量它需要哪些与生活周期相关的主观幸福的积分。好的生活方式表现在好的规范性原因的平衡，在严格意义上这些原因不只是属于伦理学的，涉及合作以及对他人的关心，还包括照顾自身喜好和愿望。在原因中论证义务只是出现在不连贯处，内部的不连贯性要求对行动者自身的论证，外部的不连贯性要求别人的批判性询问。一个好的论证会去除每个不连贯性，它提出个人内部或人际间的疑难或者问题，不要求更详细的论证。决策并不反对初看起来好的原因，但需要更详细的论证，和信念之间的类比是很明显的。理性怀疑也即批判性追问，作为回答问题的意义，重构了反对这一信念的初看起来好的理由。其他类别的怀疑在生活世界里并不存在，在次要意义上是学术性的。

结构性理性在自然科学中是理论归纳的实践对应物。如果别的经验现象不能借此得以澄清，单个理论的嵌入在一般理论中是作为它的特殊化进行描述的。这种嵌入是一种理性上的收益，通过这种嵌入，有关复杂的描述性信念的连贯性得以增长，更高一级的理论自身是否得到了良好论证，部分从经受考验的"更小的"或"现象学"理论的成功嵌入得以推断。论证关系不是从更高一级的理论向专门化理论运行，而是正好相反（还原性的）。经受考验的理论得以嵌入的事实支持了一般的理论，与之相应的情况适用于一般结构性决策（极端情况下存在论决策）的关系和"更小的"及"局部的"决策；如果"更小的"决策自身一再获得好的理由支持，一般的结构性决策也就经受了考验，被嵌入到更大的结构性决策中。另一方面，要是更小的决策被嵌入到了结构性框架中，它就赢得了权重和合理性。

连贯的描述性信念和连贯的决策之间非常类似，两种情况下论证关系是连贯性的（和整体性的）。不存在演绎的、定理式的论证结构，也不存在规范性或认识论的基础主义。

两种情况下，正式的框架理论可供支配：决策论和去本体论逻辑学对实践领域，经典逻辑学和概率论对理论领域。按照这种类比的应用范围，在此更少构成问题，而首先是在何种程度上，面对文中鲜明的结构性理性方案的背景，必然根本上提到这种类比而不是等同。决策代表规范性信念，规范性信念致力于质疑正确的行为，规范性判断是和其他所有判断一样，服从（较少的修正）同样的逻辑，它的最为自然的解释刚好是现实主义的（或者更好的说法为客观主义的），就此而言其所宣称的类比物事实上是琐碎性。决策代表意动态度或者说特殊类型的规范性信念，它们之间的论证关系类似于认识论态度或描述性信念的论证关系。

如果人们提出科学假设和理论作为描述性信念的原型，在行动所引导的规范性信念和描述性信念之间的类比当然会导致错误。规范性判断应该类似于描述性日常判断，而不为科学假设所见。规范性判断是生活世界的组成部分，它因而在更高程度上是抵制更改的，在我们日常行动模式里更深地被确定为科学假设。科学判断一般地独立于生活世界的情境，赋予了生活世界以自由，相比于它对我们生活世界的描述性和规范性信念是可能的和有意义的而言，它还经受了更高程度上的批判性检查。这一论证没有改变每类信念的论证是连贯性的,决策代表了信念的一种类别,遵循相同的论证规则。

大的(结构性的)决策可以论证小的(局部性的)决策。大的决策,比如进行一场旅行,论证了大量的小的决策,如要给旅行社打电话、订票等。大的决策构成了有利条件下的好的行动根据。问题"为什么你要做这件事"涉及小的决策,许多情况下仅仅通过指出大的决策就足以解答;大的决策可以构成行动根据,在大小决策之间的不对称关系并不妨碍结构性理性的连贯性理解。如果我们进一步追随结构性理性对演绎性和基础主义观点的替代路径,它将变得清晰。一个决策是大是小,是相对的。决定要去巴西旅行,相对于给旅行社打电话和订票是大的;去巴西旅行,相对于每年离开职业环境出去几个星期的决定是小的。在我们的思想鉴别力面前,产生了决策层次的等级,在上个例子里选择一个生活方式的决定指向:设计一种生活作为我们行动和决策最后的近乎定理性的论证实例。我们从哪里获得这一标准引导理性选择?不是我们需要外部生活世界的论证析取的理性判断标准,就是结构性理性方案意外终止于决定论(Dezisionismus),双方都不能让人满意。

外部评判标准需要自身进行论证,没有这种涉及我们生活世界的具体论证，这样的论证是不能获得的。所有大的理性主义的这类论证尝试可以被视为失败的。如边沁[1]的功利主义原则的论证，就像黑尔[2]的尝试，从语义哲学的逻辑里引出伦理学标准，或者为此将假定规范的最后论证作为交流的超验条件。现在人们希望规范性标准调节人际间的关系，是不能在给定的道德论证结构之外建立的，它不能用于评价个体生活方式的标准。反对意见是很不合理的：如果对互动关系发展具有定理效用的伦理学原理不能成功，它对于个体生活方式的整个多样性就没有希望。

按照决定主义对结构性理性的理解，生活方式本身的选择不存在好的理由，它保留了最后的——接近存在论意义上——自我发明或构建生活的种类。这一存在主义的激进形式，并不能与我们具有原因达成一致。我们的生活是以一定的方式成形（gestalten），这些原因关系到具体决策条件的多样性。我们论证我们的决策，因此照顾到确定的人，或者和他人合作；我们对我们的生命活力工程贡献出相应部分，我们将它的实现归结为内在的独立于我们利益的价值，我们如

---

[1] 边沁（J. Bentham，1748—1832），英国功利主义伦理学家，其代表性的功利思想表示为追求最大多数人的最大幸福。——译注
[2] 黑尔（R. M. Hare，1919—2002），英国道德哲学家，被称为道德相对主义者，从事元伦理学的研究，代表观点为伦理学上的规定主义等。——译注

此布置我们的生活,达到满意和感到充实。理性人做出大的决策——假如应该存在一些类似于最大的决策,也是为了我们专门生活方式的决策——基于具体的生活情形,他需要推测性地做出决策。做决策不只是基于可被嵌入到一般性决策中,也基于以它为条件的(论证过的)小的决策。大的决策是还原性的,是基于它论证了小的决策而使自身得到了论证,结构性理性方案只是在连贯性解释方面发挥了意义。

如果我遇到重大良好的决策,在明了确定性的有利条件下,这些小的决策论证了它对实现大的决策是必要的。许多情况下并不清楚,哪些可供利用的小的决策对达成大的决策最为合适。有时不同的重大决策在具体的小的决策情形中相冲突,权衡优先性可以将其追溯到更高的水平,因此提供决策结构的连贯性,或者在个别情况下任意地取消过多定义。大的决策通过它所论证的小的决策经受考验,如果大的决策使小的决策获得存在的必要,而小的决策比如出于伦理原因全然不可接受,那么同时大的决策也可以这样进行处理。决策之间的论证关系是演绎性的,也是还原性的。

一个完全连贯的生活方式不会撕裂内部的论证问题,它会推出决策可能出于伦理原因是不可接受的。对人自身而言,在连贯性生活方式的框架内不会有问题;类似的状况还适用

第九章　连贯性和结构性理性

于人际间，论证问题的产生是由参与者所接受的初步的决策论证发散出来的。人际间的连贯性不意味着生活方式的平等，两个人对此意见一致，不同的喜好、不同的文化影响、不同的社会角色相应地设立了不同的决策条件，这种差异各自得到论证，不具有相互的公开的论证问题。

如果人拥有一个行动原因，如我们所看到的那样，他能把握他的行为的确定结构。一个要论证自己行动的人，是想引起他人注意的。或者更好的表达是：只有行动符合与其相连的关心请求，并在别的可比较的情形下他的行为相应能够引起注意。自然这个人对此既不是因果性的，也不是逻辑性的，而仅仅是出于伦理的强制，接受我们生活世界的规范性论证以这种方式起作用。最重要的伦理学理论指明了一条道路，在伦理学理论形成过程中，生活世界的事实会以这样或那样的方式得到考虑。原因对应于行动结构，接受原因对应于相应的重大决策。观察如何与结构性理性对连贯性的理解保持一致？接受规范性原因终归不能确定高低方法（Top-Down-Verfahren）吗？答案的第一部分，不会令人吃惊：我们接受了规范性原因，只是在具体的决策条件下它给出直观合理的行动指导的范围内，规范性原因因而受制于一个考验测试，它不是简单地被预先确定或设置的。答案的第二部分涉及规范性原因的更为确切的内容确定性。关心他人利益在确定条件下无疑是好的行动理由，然而要去确定关心的抽象标准，要求它对任意决策情形都近乎恰当，则几乎毫无希望。所谓的关心他人利益首先表现在具体的行动条件里。相对于关心他人利益而言，一定程度上说关心抽象的行动原因，首先需要在具体决策条件下经过解释。我们在我们具体局部的行为里指出我们如何解决这些一般性的行动原因，我们赋予它多少权重。本质上说，比如移情（Empathie）的能力，也即在具体行动条件下换位思考，将自己放在他人视角的能力，首先在面对具体的行动条件下，将一般的行动标准充分专门化。我们从有关一般性行动原因里获取具体用法才确定了它的意义，这种用法必须充分是连贯的，也即对应的行动结构必须在援引统一规范性论证上得到辩护。

一方面是连贯性论证决策和行动的广泛平行度，另一方面是描述性判断，不允许设置本质性的差异。因为按照我们的理解，行动是规范性判断的表达，承认本质性差异导致错误，或者也许甚至被视为实践理性客观主义方案的证据。如这里所展开的，它是不合适的，更确切地分析这一差异会得出这类结论是过于草率的。

实践和理论论证的本质性差异涉及决策的角色。明显看来，决策对实践原因相比对理论原因发挥不同的作用。如果我们做出了决策，要去寻找一家确定的酒店（我也可以做出其他决定），那么我有理由转入某个街道，或者给酒店打电话以及预定桌子，这一决策使得其他决策合理化，它构成了好的行动理由。一个可比较的决策在理论原因领域发挥不了强大的作用。比如协调系统的选择对自然事实状况的描述是重要的，但改变不了有关描述性判断的论证地位；相反，这里存在的决策范围只关系到描述性的相对性，在科学理论讨论中，其间广泛无争议的是前决策和后决策对理论形成发挥了本质性作用，这一作用超越了描述的相对性。然而人们只要领会科学理论的现实主义解释，必须承认决策的活动余地至少在理想情况下是不够的。按照一般科学理论观点范式所发挥的作用，对此所做的论证没有中止，从一个范式转换到下一个范式需要别的论述形式，同意——如果托马斯·库恩[1]有道理——不存在直接的理论比较。即使以与范式相关的相对主义观点来看自然科学，为了范式的"决策"也不会接受为了科学信念而来的论证负

---

[1] 托马斯·库恩（Thomas S. Kuhn，1922—1996），美国著名科学哲学家。其著作《科学革命的结构》一书广受好评，也引起了一些争议。此书暗示了范式及其转移是理论共同体在历史上发生的规律性现象。——译注

担。选择一个范式看来自身是需要论证的，尽管同时期的科学哲学部分怀疑基于它的理性论证应该符合实际。范式的地位基于科学论证等同于生活世界实践论证的存在论决策的地位。由于假设论证是在范式内部进行的，以及论证小的决策是在存在论决策（一个生活方式）内部进行的，而非在外部进行或者以外部视角（可以）进行表达，它不违背比如存在伦理原因不能支配个人生活方式，每个生活方式必须符合基本的伦理规范，并被整合在它的行动结构里，以此成为它的论证的本质构成。

首先我们可以确定，决策对实践论证发挥了相比于对理论论证有意义的作用。在存在论决策情况下的关系方面和范式选择方面如何进行描述，尚需要更确切的分析。我们所准备的是，首先集中关注简单情况里小的决策和它对实践论证的作用。

我们可以给出大多数小的决策的原因。如果一个决策在所建立的行动结构里特别好，适应它所对应的论证关系，所谓论证问题如通常所说是不存在的。如果替代决策选项被感知到，其中的一个决策又不能直接得到阐明，这对这个人自身还有局外人就经常构成论证负担。这里我们感兴趣的情况是，其中没有充分的理由支持小的决策，决策因而获得了特殊的地位，在此它同下面的情况区别开来：

（1）相应决策选项的情况。我们这里只提到了一致性，但愿所有重要的信息可供支配。这个人不做反应，因为他将双重决策选项视为一致的。为了不会导致布里丹之驴在两堆干草面前饿死，这个人（必须）摆脱行动阻滞带来的解除决策状况。决策不是为了将两个选项的其中一个视为更高价值，而是在理性状态下保持他之前对一致性的评估；有关决策是双重激发的，一是选择所有可能选项中最好的一个，二是取消行动阻碍，因为存在两个或者更多最好的选项。

（2）如果对此负责的是不完全的知识，即在两个选项之间人不能做出决策，或者没能认识到充分的理由，预先准备两个选项中的一个，也就出现了另外的情况，两个子项自行瓦解：

（2a）第一个子项出现在两个选项中的期望值根据给定的概率是相等的。在决策论意义上人在理性状态下对两个选项不做反应。现实中要是没有客观概率，这个情形——不同于情况（1）——通过不完全的知识得到描述。如果我们以客观概率为基础，（2a）在完全知识下可以作为一致性进行归纳，某种差异还存在着：我们经常事后——即如果公布概率的状况出现——获悉这个选项是好是坏，我们不是总在事后了解它是更好或更坏的选项——它依赖于所出现的状况以及后果评估。

（2b）在这种情形下，区分另外的子项，不能假定概率。单个决策的后果与之相应是不可评价的，按照前提条件导致无意见性（Ratlosigkeit）的特殊形式，不应该将其视为漠不关心。

（3）相冲突的原因对以下情形是决定性的，首先，没有可供利用的决策可以预先准备另外一个决策：

（3a）支持一个和另外一个决策的原因看起来可以将双方选项视为一致的。情况（3a）不能与（1）混淆。（2a）可以这样理解，相互冲突的原因存在着，也即各自支持一方反对另外一方决策，另外一个同样如此。范例（1）是这样的情况，人追逐一个目标，能够以两个一致的决策达成这一目标。（3a）里存在与之相应的真正的冲突，人做决策选择了可供利用的行动，而不考虑至少是重要的行动原因。当然在此前提是人可以权衡原因的权重并由此得出结果，即原因是一致的，它与一致的决策有关。大多数情况下相冲突的但可比较的原因经过实践权衡达成一个结果，可供利用决策中的一个被认为得到了分量更重的原因的论证或者是理性的。

（3b）从中区分的是这一子项，子项中相冲突的原因不可比较或者不兼容。人可以在无意见性完全不同的类别里获得支持，借此碰到一些可供利用的决策，道德困境的讨论为这类情形提供了内容丰富的直观材料。

（4）实践无意见性最极端的形式出现在决策情形里没有行动引导的原因可供支配。而在情况（3）决策情形出现的限定过多（überbestimmtheit）是和现在的限定不足（Unterbestimmtheit）有关。实践原因的整体性并未延伸到决策情形的整个领域；决策情形的出现，看起来不和行动原因相关，本质上它是"相关的"（einschlägig）解释。实际上很难设想，可能从实践原因一般复合体中找到至少一个或者一些原因，在有关决策情形里看起来是可用的。足以假定这一适用的实践原因用以阐明行动引导的角色是不充分的。这类情形是人的行动条件变化的伴随现象，例如通过新的科技，通过基因技术，现今已能实现的或者自身映现的人的行动选项，在这种形式里先前不会存在，为此可以举出无数例子。这种差异出现在以往的伦理学领域里，从生物伦理学到科学伦理学，人们至少可将其中一部分理解为对特殊的无意见性的反应。

情况（1）、（2a）和（2b）以及（3a）在实践原因的系统里没有出现不连贯性。至多人们可在（2b）里猜测理论原因系统里存在不连贯性，因为人们可以为这一观点辩护，给出不确定选项的概率总应该是可能的。一致的是（1）和（2a）以及（3a）没有原因可以估计连贯问题，重要的仅仅是一致性不会导致决策无力，即人不能放弃行动取消决策，总有这种情况出现。

即使在这种情况下没有解决不了的实践原因的冲突或者出现规范性判断的不完全性，此时决策具有特殊的地位。它不是成功独立的权衡过程的单纯表达，或者去除权衡就会明确追逐主导性行动原因的表达，而是任意性的，如果存在这类情况。决策也可以另外终止，要是没有雄辩的反对原因发挥效力（准确地说这里区分了行动者的视角和外部视角）。因为"无害的"小的决策可以产生深远的后果，不只是对有效原因的情境，还有对从中而来的新的决策情形而言，这类决策是以特殊的形式构成的。权衡过程的结果产生了冷淡反应，它不允许人将所做的这样或那样决策视为不重要的。在科学中同样出现这些情况，它通过为这个或者那个假设所做理论原因的平衡受到影响。同样在这种情况下人们会提及一定的决策任意性；区分这一情形，通过这样的假设选择总是只在保留条件下才会成功，一旦理论原因的平衡比如通过另外的信息被破坏，完全可以利用科学假设。另外之前在生活世界中遇到的小的决策，会影响事物进一步的过程，发挥为其自身采纳的论证力量。

在情况（3b）和（4）里，即在两难选择情形或者可信赖的原因并不所属，我们就碰到了严肃的连贯性问题。不完全的或者实践原因的给定系统的不连贯性强迫此人——要是他不想陷于行动阻滞——通过决策得以废止。这一决策本身可以再次发挥论证力，因为它通过一个在给定原因系统中不能辩护的决策替换了存在的不连贯性或者不完全性。即使有关决策取消了行动阻滞，对于实践原因给定系统的调整还是存在；决策情形只允许决定主义的解决办法，对有理性的人来说不是可取的，因为它包含了错误行动的可能性，两难选择（3）和低确定性的（4）的决策情形之间的差异，通过一个或别的等价形式得以确定[（1），（2a），（2b），（3a）]。

如果在小的决策方面出现两难选择和低确定性情形，它就构成了问题，超越了具体的情形和它可能的结论。所接受的原因必须得到修正，因为接受的原因确定了自我的生活方式，因而有必要生产出连贯性，将其部分地改变。

而对在给定生活方式中嵌入的小的决策来说，两难选择和低确定性是罕见的。看起来大的（存在论上）决策正好是独特的，这澄清了价值标准的转移是与存在论上的决策相连的，决策本身一定程度上改变了它的评价标准。如果我们在"存在论决策"下这样理解，就此而言它是很"大的"，因为它总体上深入影响了生活方式。很明显，理性标准在小的日常性的决策这里不再有效，即使行动原因的本质部分在从小到大的决策过渡中也会保持不变；因为它相对于所选择的生活方式来说是恒定的，尤其是增加了伦理原因的部分，大多数行动原因在所选择的生活方式方面一定会受此影响。存在论决策——如职业决策或者选择伴侣——因而相比于小的决策缺乏理性化的程度。决策连贯性嵌入到生活方式及其引导原因的情境中，只能在很小的程度上和在限制条件下完全不求助于存在论决策。明智生活的准则，在不重要的决策方面准确进行权衡，在有效的重要决策方面追随直觉，因而具有理性基础。即使嵌入我们生活方式里的各个行动原因没有或者提供了相反的导向，它也是一个决策，减少了自我不稳定性，而完全是有理性的。害怕踌躇或者总是在不同的存在论决策之间重新权衡，通常不会导致理性化，而是危及先前有效路径前后一致的追求；条理化的感觉是连贯的生活方式的表达，它伴随着一个成功的生活，也为生活的成功做了贡献。

第二部分

责　任

第十章 行动责任

责任的日常语言概念是做描述性和规范性使用的。在描述性和规范性应用之间存在一种更细微的关系，下述例子会清晰地揭示出来，即安装工人查明已发生的腐蚀是否由管道破裂负责，或者他说这是否存在因果关系，大多数并无差别。只有道德上有责任能力的当事人要负责任，并且只在现实必须要负责任的时候才是可行的。明白这些并未解决这一问题：因果关系（Ursächlichkeit）和责任能力（Verantwortlichkeit）之间的关系是复杂的。同样，如果安装工人说腐蚀是原因，这一说法同时也存在规范性意思。在下述意义上，所有其他的原因（堵水、水管流量、螺旋接合等）都应该会导致这种问题，只是在"发生了腐蚀"方面有所不同。通过发生的腐蚀不足以完成管道破裂的一个充分的因果性解释，而是必须要考虑到堵水、水管壁的厚度和许多其他的相关因素，总的合在一起才能解释这一结果（水管破裂）。选取一个因素作为原因或者责任，强调了与期望中的或者正常状况的偏差。在日常因果解释中，这是常见的做法。我们对此并未谨慎而全面地列出所有这些因素，说它们引起了每个后果，而是将这些事件过程称作原因，这些过程偏离了正常情况是出人意料的。因果解释总会解答为什么的问题（Warum-Fragen），举出并非出乎我们预料的事实，但并不能解释这种意外，因为水管破裂让我们感到惊讶之处，不是自来水管能够经受一般的压力这样的事实。我们可以设想，自来水厂由于疏忽将水压放大了十倍；人们可能会将这些因素作为**责任因**（*verantwortlich* oder *ursächlich*）看待，而不去追究由已进行多久的腐蚀所造成的影响。首先我们会认为自来水厂的过失应该负责任，其次当然要是没有水压增加十倍，已发生的腐蚀也不会导致水管破裂。假如管道腐蚀广泛分布，正常条件下也绝不会出问题，那么我们或许还会认为自来水厂的错误应该是责任因。

将不寻常的情况视为责任因的倾向性是有道理的，如果我们考虑到日常因果解释的实用角色。假如我们在特殊情况的知识里发现这个事件不再让人诧异，我们的问题也得到了充分解答。我们感到吃惊是因为一个确定的事件发生了，因为惊讶或者期盼都和主观或然性（Wahrscheinlichkeiten）联系起来了。这些实用解释术语在概率论里得到明确解释，显示出生活世界里，倾向于突出单个的过程和结果作为责任因，首先在自然科学家看来，绝不是非理性的。在日常语言的用法里，回答因果关系的断言是以问答形式提出的，因为事件是不可预期的，提问人对问答形式的回答不只是让自己相信，只有众所周知的时候，才会感到满意。因为——他将正确而全面地使用此种充分推理规则作为前提——只是指明一个情况缓解了他的疑惑，这一情况对他来说并不熟悉，或者无论如何在这种关系里不会引起注意，这个困惑引发了他的问题。科学理性区别于生活世界的理性只是在程度上的不同，科学拓宽了需要论证的领域，寻找尽可能全面的答案，同样用单一的说明（合规则性，Gesetzmäßigkeit）回复问答的多样性问题。

正常情况——不管怎样在技术系统里——并非只是很符合事实的情况，而是不偏离规范（Norm）的情况。技术设备的正常状况可以通过一定的标准进行定义，这一标准在德国是由技术监督协会（TÜV）审查的。技术设备的失灵要由确定的工序负责，这一工序可称之为特殊状况，它偏离了规范情况，导致了这一失灵。在此，设备特性在规范领域被作为无助于澄清问题而遭到隐匿，通过更详细的研究也就提出了一个问题，即为了阻止未来同样设备类型出现失灵，是否这些规范不应该发生变化。在这样的情境下，一个规范性构成在偏离标准应该负责的范围内显现出来。

如果在日常生活中讨论到，这个或者别的参与人的哪些行为要为争吵负责（在同样的意义下是"争吵内在的原因"），它所涉及的不只是从不幸的通报因素构成的巨大的复合体里任意选取某一因素，而是确定不可接受的因素；以描述性断言联系到规范性因素，这些语言用法并不区别于之前命名的有关技术系统。当然首先技术情况需要负责，其次才是人的行为。在双重情况下，它涉及两个事件的连接，其中一个要为另外一个负责。我们可以澄清：责任概念的一般用法连接着特殊用法，我们会在下个段落里进行分析。

责任性在特殊（更窄的）意义上，会被作为一位、两位、三位谓项使用。"迈耶先生而不是他的领导要对他的决定负责。"——这里负责是作为三位谓项使用的。"汉斯要对他的决定负责。"——这里负责是作为一位谓项使用的。这些首先看着没有问题的语法上的观察抛出了一个哲学问题：是否——如果用某种方式——一个语言用法可以向另外一个简化，或者哪三个应用方式是基础性的？在文献里经常看到这种观点,三位应用方法是基础性的,其他两个被省略了。责任是和给予答案相关,这是相对于别人而言。如果我一定要计算别人要为此负的责任,这是必须给予回答的问题,即为什么我做了这个决定。一个哲学论题,诸如我们要为我们的所有行动负责,是在与我们周围的人或者上帝相比必须要加以补充的范围内被省略了。对一些思想家来说,像阿拉斯代尔·麦金泰尔(Alasdair MacIntyre)或者伊莉莎白·安斯康姆(Elizabeth Anscombe),我们全部的道德语言不只是被省略了,还有对于省略原因也根本不能弄明白,因为相对于个人的上帝要是没有责任,道德的信条-语言(Gebots-Sprache)是无意义的。信条总是一个命令(Befehl)或者发自某人的信条。没有作者命令(Imperativ)是不可理解的,或者必须要转化在一个描述当中。比如假定命令的形式是:如果你想 x,那就去做 y。这里隐藏着一个描述,可以替换为"只有你做了 y,才可以得到 x"。普遍的条例在没有作者身份的情况下构成了每个规范性伦理学的核心,然而它只不过是出自文化史阶段的语言残余;在文化史里,它关系到个人理解的上帝命令。道德责任在上述例子里是相对于上帝的责任,没有这个责任,存在的就只是个人责任。这些责任是从人际关系中产生的，并被固定在有关地方文化中，这是规范性概念的责任转化在描述性概念里的其他形式。我并不认同神学假定的规范性（Normativität）是独立的，这个规范性的"应当"（Sollen）在此意义上是无条件的，因为相比于命令或者规范连接的实例并无"应当"；这些规范性的"应当"完全可以理解，而且深深地扎根在我们的生活世界的实践里。这说明以下并非不言而喻，即一个如此理解的规范性也不能够和神学概念相一致。下面我们首先集中探讨第二位的应用方法，这里的哲学分析是富有成效的，然而不应断言它相比于别的方法具有基础性地位（别的是派生物）。二位与责任的三位概念之间的关系我们还需要确认，还要联系到动机对我们判断力和行为所发挥的作用。尤其要提出的问题是：论证性在何种程度上可以交互性地表达出来？

我们要对什么负责？任何情况下我们要对我们的行动负责。我们要对所有我们的行动负责，如果某人的行动成立，这个人就要对此负责。行动和责任是两个密切相连的概念，没有行动也就没有责任，如果它没有行动特性，也即没有行为的责任。对此论题的反驳，必须证明一个行动有关的人不用对其负责，作为这样行动的候选人，在被迫或者受酒精影响下的行动是有效的。我们考察一下，这是否正确。在里约热内卢的科帕卡瓦纳[1]，一个游客被一名持刀的年轻人逼着交出他的钱包。到达旅店，他的妻子指责了他，意思是他不应该交出钱包。这个游客能够回答说："因为我是被迫的，我不应该对此负责吧？"在我看来不是这样的。我们设想一下，假如这个游客不交出他的钱包，就会被刺伤。他的妻子会在旅店里问他："你为什么不交出钱包？这种情况下只有这样做才是理智的！"显而易见的是这个游客并不是在被迫交出钱包的意义上，那样他就完全没有别的选择；他是有别的选择，即使这一后果可能会是灾难性的，他明显要为他所做的事承担责任，他交或者不交的情况是一样的。那些将被迫行动视为不用负责的行为状况，混淆了是非：它搞错了事实，即有关行动必须进行不同的评判，行动作为受到恫吓的反应得到了执行，是由于有关行为没有选择，因而不存在行动特征。事实上许多说法支持，假如存在选择，行为只可以被看作行动；也就是说，个人可以做出别的决定，但是外在强迫并不意味着不存在这样的选择。决策是以权衡作为前提的，权衡动机是支持

---

[1] 科帕卡瓦纳（Copacabana）是巴西里约热内卢的一个街区，该区有个四公里长的海滩，是全世界最著名的海滩之一。——译注

还是反对有关行动。权衡的前提是，我也可以做出别的行为，只要我的行为是一个总是经过基本考虑的事件，我就要对此负责。在完全无损于证明的情况下，行动不言自明地被视为好的或者坏的，被作为有良好根据的或者非理性的，作为道德上可接受的或者不道德的，都是根据行动情况进行判断。个人行动不可判断是在他受到恐吓的情况下，因为没有这样的恐吓就不会行动。个人不必为他所做的每件事受到处罚，是判断标准导致了一个别的结果。

行为出现完全不同的情况是由于酒精作用。根据醉酒程度即人的事实情况，只可以部分或者完全不必为他所做的事判定责任，在司法讨论中会被说成是缺乏责任能力（Zurechnungsfähigkeit），尤其是对有关人的行为责任不再追究。有时他的责任会被限定在酗酒的司法意义上，那么最终他任何时候都不能酗酒，在过渡到酗酒状态后没有责任能力；他做了决定，比如接着喝，很清楚地知道，这会导致"控制能力"不足，控制能力下降，责任能力（Verantwortlichkeit）下降。司法责任认定追求尽量确定责任门槛，从无到多再到完全责任能力的认定；但是不言而喻，实际上这是一个连续的过程，责任能力随着醉酒程度加深而降低。伴随酗酒程度，什么发生了变化？是什么与有关的人降低的责任能力相关？一个醉酒严重的人几乎不能思考他的行为后果，权衡行动原因的本质要素已经不再。根据经验他是比较冲动的，也即没有经过权衡过程就已经立即做出反应，展开了单独行动。同时这个人性格上也发生了变化，观察到他经常是这样退回到孩童个性，回归到了不成熟的感情表现，首先是挫折承受力和意志坚强的急剧丧失。控制力丧失可被用来寻找以下问题的原因：为什么一个人在强烈的酒精作用下只能有限地或者不再承担责任，包含的不只是身体运动的协调，还首先是复杂的心理过程，这一过程引导一个成熟而有责任能力的人做出行为。他有能力在行动方法的更大背景里，在他的行为和生活结构里插入单独的行动。他优化的不只是局部的，而是考虑了动机，动机可以解释他所做的事。列举动机意味着在类似情形里采取同样的行为，建立原因意味着在他生活里设立结构。酗酒行为就错误的结构化（Strukturierung）意义上不是一贯的。责任能力要求行为控制，这些控制不是一点一滴的，并非眨眼即逝的，而是和他的情绪状况有关，而且在他的实际生活及其自觉控制力的更大环境里。这首先解释了也许看起来奇怪的现象，就是在司法意义上完全责任能力是自法定年龄开始的。17岁的年轻人在许多情况下比许多成年人智商更高，他们强调不受父母干涉的独立性，他们以自我责任心做出日常决定。不管怎样，完全司法责任能力的晚些使用看起来是恰当的，因为责任不能计算，它和经验关系的熟悉和经济独立性单独连在一起，而更多是从属于某种特殊能力，这一能力就是对于原因的连贯性权衡，还有自己生活的主人身份：首先它意味着人能坚持长期目标，能够控制瞬时冲动，判断的独立性足够降低其他因素的影响，自我信念能够忍受异议，这些是完全责任能力的本质性条件。自强（Ich-Stärke）和判断力（Urteilskraft）事实上发展得比较晚——可能也不是这么晚，就像西方工业国家青春期延长的倾向所示，但是任何情况下并不和智力以及知识同步。我们将完全责任能力认定在正当而要求很高的条件下，这些条件在酗酒的成年人那里也不是完全都能达到的。这些条件中心存在着权衡动机的能力，可以诉诸具体情况（判断力），相应地处理推荐结果（意志力），同时连贯性地行动和生活（自强）。

在责任与行动之间如此紧密的连接，看起来是有限制性后果的。如果我们不为行为负责，那么它就没有行动特征。然而我要指出，我们确切地将一个人的行为认定为他的行动，是当我们要他为他做过的事情负责之时。同时认定责任和行动只是在渐进主义理解的意义上，存在负责能力和行动特征的层级。在司法上一个年轻人不会受到惩处或者受到有限惩处，也就是在司法意义上不负或者少负责任。但是完全要追究这个年轻人的责任，他必须为他的行动辩护，这看起来是合适的，因为他在权衡动机的情况之下。而他的独立生活能力、他的自强和他的日常生活结构化的意志力，却没有得到充分发展，因此他应为他所做之事负更少责任。我犹豫要不要将这些行动真正的责任能力视为道德的进行表述，因为道德和道德以外的动机权衡是有问题的。存在责任形式能减轻行动的罪责（比如孩童行动不被认为是犯罪行为），还有一些不以行动特征为前提的（父母的司法责任包含孩子的行动），我们将这些对于真正的（道德的）责任限制称为**制度性责任**（*institutioneller Verantwortung*）。行动与责任概念之间不可脱节的关系并不与所有责任形式相关（第五章）。行为的意图特性是成为行动，行动构成的意图性表现在先行意向（*vorausgehenden Absichten*），它通过行动得到实现。这一意图性的形式，我们称之为决断力，一个决断造成审议（Deliberation）权衡动机的终结，通过决断确定自我。我中断权衡过程，执行引导行动的意向——决断力——是在给定时点通过相应的行为达成的。这些行为当然在最小的意义上，必须也是有意调节和控制的,是**故意为之的**(*absichtlich*)。我们因此具有两个行动概念的本质要素,即实现行动的行为意向性(**Absichtlichkeit**)和预先进行的意向(**Absicht**),这一意向带动了基本审议过程,也导致了基本审议过程的结束。先行意向通过行动自身得到实现,激起的意向不能通过行动自身成为行动,而是通过它的后果或者执行后果;这些复杂的被激起的、先行的和共存的意图形成了意图性网络的交点,它赋予了我们的生活以结构。行动看起来越少被孤立,就显得越理性(或者更好的说法为越连贯),当事人的责任能力也就似乎越显著。

（行动）激起的、（行动）先行的和（行动）共存的意图性是以动机为根据的。意向对动机的决定性作用在许多人身上唤起一个后果主义的误解,比如下面形式所采用的:我的(激起的)意向是以我的行为的后果为目标的,它是理性的,因而最优化我的行为后果。结果的最优化要求(1)我的动机意向大体连贯,即我能确定可能的行动后果符合愿望的程度;(2)我用概率估计可能的行动后果,它以反复一贯的主观期望作为前提。这一行动理性的后果主义方案,忽略了许多引导行动的中心动机并不是(或者无论如何不是唯一地)以行为结果为目标的。比如一些例子:我有动

第十章 行动责任

机意向履行一个请求。我们履行请求，把盐递过桌子，我满足这个请求是经过递盐实现的。我被激起的意向是我的对话伙伴的请求需要履行，因为递过去盐这是他的请求，我——从属性地——从中形成了这个意向（现在已经前行了的）就是递盐。这个意向得到执行，是经过我把盐递过去实现的，因此是——首要地——被激起的意向同样得到执行。行动并不视后果而定。

我们对我们的行为负有责任，只要我们具有如此而非别的去做的原因。权衡动机是我们的能力，让我们成为责任当事人，我对具备原因的行为负责。人们被动机所刺激，这让他们成为负责任的人（Wesen）；去除被动机所刺激的能力，也就不具备责任。我们拥有动机做事情，是当这些行为（Tun）具备行动特性，而且我们在其他人询问原因时，能够说出这些理由。同样鲁滨孙在他的岛上也有他所做事情的原因，只要这些行为具备行动特性，但只有在星期五问他时，他才说出这些原因。假如没有星期五，他将一如既然地拥有他的行动原因，并为他的行动负责，即使他不会回答任何人的批判性审问。然而动机引导鲁滨孙的行为并非在私人创作意义上，因为他在漫长过程中才胜任审议能力，在此过程中原因、责难和赞美，自作主张和自我适应，承认和距离化之间的交流发挥了本质性的作用。人不一定转换成舌语（Lingualismus），也是为了肯定维特根斯坦对原因的私人语言论证。论证活动是以分开的生活形式为前提的，即使不再这样存在，它同样还会继续起作用，就像孤单的鲁滨孙和他的小岛的情况一样。

第十一章　信念责任

如果要对我们行为的确切部分负责，我们为此产生动机是正确的，那么就提出以下问题：是否我们不对别的产生动机的部分负责？比如我们的动机是关于我们的信念。信念不是行动，信念的表达可以是行动（语言行动）。我们对于信念的这种责任也只是间接的吗？就是说在我们言语范围内执行言语行动为此而产生动机和承担责任？在我看来，这是对责任概念的人为束缚。审议能力和权衡动机的能力使我们成为理性自由和负责任的人，我们是作为人（Wesen）来权衡动机的，在动机的权衡里表达了我们自身身份的（理性的）内核。我们赞同愿望、感情和态度，借此观察自身[1]，这大概表现在我们塑造了愿望、感情和态度而没有行动效力[2]。

---

[1] 人们可以在日常语言里这样表达，人们注意距离化，并通过它才能得以表达。
[2] 我有意如此表达，而非"感情和态度不会对行动起作用"。

我们可以以同样方式接近我们的审议，审议在更深意义上总是我们自己的，我们是借此认同自己为人的。由动机引导的信念是我们自己的，我们可以在这些信念中不用或只在个人身份认同变化上与自己相分离。动机引导的信念和行动在这方面有相同的地位，对于个人是决定性的；这种决定作用表现在我们作为人要对我们的信念和行动负责，在批判面前为之辩护。因此在我看来，动机引导的信念从我们要为其负责的对象领域被排除，是完全错误的。信念作为行动明确例证了动机和责任以及自由的关系，因为自制力问题很少会指向信念，但是经常会指向行动。我们自身要为我们审议的结果负责，因为自我审议构成（"作用于"是个错误的词）我们的控制力。

人们可以不用把对信念的责任归因于对行动的责任。一个信念表达的动机是另外一个动机，也即现实原因，是为信念所有的原因。在有利的情况下，原因两个类型的权衡促使我表达出我的信念，我是诚实的（wahrhaftig）。在不利的情况下，它导致了不同的结果，我是——理性地讲——不诚实的；这种不诚实也存在道德原因，例如照顾到他人的感觉。信念表达通常只在理论上而非实践上成立，就是说表达出来的信念的好的根据被认为是信念表达的好的根据。然而这只显示出诚实的规则是不言而喻的(对于沟通是决定性的[1]),信念的理论根据在日常交流的正常条件下包含表达的实践根据。然而也有一些场合,其中并不存在这种合乎自然的结果:在政治或经济权力的谈判上,作为被告出席在法庭上等。在这些情况里交流会是"策略性的",信念的表达不被认为已经理由充分,即使信念是成立的。

理论和实践动机之间的关系存在于具体的表达情形里,其中期望发挥了一定作用。期望存在于交流共同体中。例如,期待哪些条件下自己的信念要告知于人?回答这个问题要考虑到听者对信息的兴趣,也要考虑规则和合作规则。**善意的谎言**(*White lies*)不是说谎,因为有关情境里并不期待听到一个诚实的表达,这对说话人是熟知的。信念的表达只有在听者接受的情况下,即听者不会共享这些信念时才有意义,或者要是他假定听者从中猜测他共享了他的信念但认为说话人并无这些信念,至少信念的同化(从说话人来看,听者意见和事实相符)无论如何和说话人的看法有一定的相关性。毕竟时段或者信念更密切的表达状况看起来像是需要论证的。

---

[1] *参看第六章。*

有关信念表达同理论和实践动机的拥有之间的关系,在同实践动机和行动动机的关系上存在一个值得注意的配对。实践原因区别于理论原因的地方在于信念创立了每个行动,正常条件下足以引导动机支持行动,使行动在询问面前看起来是合理的。当然一些情况下——例如有关人所熟悉的,他出于道德动机的认识不会指导行为,而只是出于自己兴趣才会如此——举出好的实践理由并不足够;非道德主义者 II 也可以使其行为显得合理,如果去除了(只是猜想的)自我利益。非道德主义者 I 在道德动机里缺乏各个认识能力,只能引用道德理由,或者玩弄说教,但是并不能举出真正的道德原因。奇怪的是今天人类行动动机的主导理论将非道德主义的特殊状况视为正常情况。

理论原因经常在实践审议里发挥中心性作用。索菲亚决定实现她的目标,她认真努力,也有这里相关的道德主义的公正要求。她并未充分地告诉别人,因此并非有意地损害了他人。人们在这种情况下指责索菲亚,这种指责既不是因为她追求目标,也不是针对她(诚实的)道德主义意向,而是她形成观念的疏忽。这里遭到批评的不是索菲亚实践的而是理论的审议。假如索菲亚的信念是合乎实际的,她的决定——我们愿意如此接受——是正确的。但是她的信念不完全错误，而是在更恰当的（理论的）动机权衡方面，她导向了别的信念，在此基础上能够做出正确的决定。索菲亚应当对她理论动机欠妥的权衡负有责任，只是在形成她的意见的疏忽方面她要受到批评；她也要对她的意见形成的方式种类以及缺乏充分依据的信念导致的结果负责。就像上例显示的那样，为了公正批评，生活世界建立的标准包括信念责任，这一责任是（理论的）动机权衡的结果。我的意见可以扩展到信念责任的对象领域，这点在我们生活世界对于批评和公正的实践里是有依据的。

  人们可以表示异议，要是信念形成的疏忽性导致了错误的决定，这样的批评该是恰当的。责任毕竟限制在决策或者行动上，只是与决策选项的选择相连；责任也限制在批评的信念对象，责任只和行动与信念有关，只在对于正确行动选择的信念范围内发挥作用。人们可以让这论证变得尖锐并断言，索菲亚的责任根本无关乎信念，而只是没能全面地通报她的决策。行动报告是以被批评的事物为前提，即这个行动是停滞的。然而这个从责任到行动责任的还原却不能让人信服，因为我们也是要索菲亚负责，要是她不能充分细致地考虑到可适用的信息，而错过了得出正确的结论。如果这个疏忽一再被作为决策进行解释，就会产生引人注目的后果，理论审议的每个类别改变了决策次序，这时我根本否认决策也在理论审议里发挥作用。许多人文社科著作特别是学位论文，喜欢论证专门的研究方法的选择，好像人们会从产品目录里选出最合适的那款一样。决策产生于理论动机的权衡没有完成明确的规定（Festlegung），然而这一规定对于深入的研究进路是必需的。但是这些是边缘现象，理论审议的整体——科学的和科学之外——并不能还原到此。

（局部的）行动不能考察自身，它的个体化（Individuierung）将其放在了（结构性）行动方式的语境里，并进一步放入整个生活方式里。要是我们不考虑铭刻于人的动机、态度和感情，不去领会审议的专门形式，我们就不能理解一个行动。我们对我们所做所相信的事是有原因的，这些原因将我们铸造成人，并不只是我们行动的主人，还是我们信念的主人。在此意义上，我们要负责任的是不只是我们的行动，还有我们的信念。

看起来当然存在对于动机权衡不能发挥作用的信念。我们拿这里在我面前的一棵树这个信念来说，它是我根据我对这棵树的察觉形成的。一些人会说，这是一个因果过程：从察觉到树到信念是个过渡——如果人在此总体是从过渡上说——这构成一个因果关系。察觉到树引起了我的信念：那里长着一棵树。它的树枝部分地被我浸入清水里会是怎样的

第十一章 信念责任

呢？我把这些树枝看作是低垂的，但并未形成一个信念：它是低垂的。在此情况下我察觉到了一根低垂着的树枝，但并不是低垂的树枝的信念。这个信念不因我的觉察而改变：我一如既往地将树枝当作是低垂的，知道事实上它并不低垂。这个对树枝的察觉在此意义上是一个因果过程，我可以通过动机达到这样一个信念，树枝实际上并未低垂，我对低垂树枝的觉察并未改变。我觉察到低垂的树枝是因果性地确定的，伴随动机我不能对它产生影响；不同的是我的信念，通过动机受到了影响。同样，对于接近感官的信念动机也发挥了作用。动机并不只是对行动，对信念也是根本性的。在动机对信念发挥影响的层面上，我们承担责任。我们对我们的信念负责，如同我们对我们的行动负责。

行动责任和信念责任之间的类似程度如何？根据流行的动机方面信仰-欲望理论（belief-desire Theorie），我们的理性被限制在我们形成自身信念的方式和类型上，理性被限制在认识论理性上。如果人将责任连接到理性的可论证性（Begründbarkeit）上，我们承担行动责任也只在明确信念的结果范围内。我们可以不去反对我们的愿望，我们怀有或者没有愿望，存在的只是理论原因，而无真正的实践原因。与此相对，我们在《结构性理性》（2001）中采用了康德的——或者更好的说法是斯多葛主义的——观点，其中愿望是在康德的"喜好"(*Neigungen*)[1]或斯多葛学派的"渴望"(*hormai*)[2]意义上作为各自所给定的进行刻画的：例如人会通过判断愿望是否得到满足表明态度，人会评估他的愿望，这不是说伴随评估愿望可能会消失，但他的行为是以动机为导向，动机导致了他对愿望的评估。他在自身行为里并非受苦的奴隶，行为限定必须确定每个有效原因的最佳方式。实践相关的也即确定愿望的行为是通过审议的炼狱般的考验(Purgatorium)进行的：渴望(*hormai*)和赞同(*synkatathesis*)[3]，是类别不同的事物。赞同是(理智的)人的意见要包含他自己和他人的愿望、他自己以后的愿望以及他的道德义务。根据愿望和喜好之流构成自我的、自然的或者文化的法则，而他并不是执行这一法则的器官。

准确理解自己愿望的角色是重要的：它进入权衡过程

---

[1] "*Neigungen*"在不同的语境下分别表示倾向、喜好、志趣，本书翻译大多采用喜好一词，以区别于一般的理性意涵。——译注

[2] "*hormai*"，其原型应为"Horme"，古希腊语表示为"Ορμή"。在古希腊语里表示冲动、渴望等，亚里士多德在宽泛意义上用此概念表示"orexis"(欲望)，但在斯多葛学派那里开始成为一个标准的学术用语，表示胃口，引申义表示非理性的冲动愿望等。具体可参考 Francis E. Peters, 1967. *Greek Philosophical Terms: A Historical Lexicon*, NYU Press, pp.87—88。——译注

[3] "*Synkatathesis*"是古希腊斯多葛学派的用词，表示合乎逻辑的承认、赞同之意，常和"*phantasia kataleptike*"连用。赞同并非被动的，一般依赖于判断意志。——译注

中，通过规范性意见明确自己的行为。自我愿望的满足经常但不总是影响自己的幸福，有时在自我幸福的意义上并不能实现所理解的愿望，例如肥胖，刚吃过饭又有了胃口。如果这些观点正确，如果自我愿望（在渴望或者喜好的意义上）发挥重要的但不起决定性的所有明确作用，那么实践形式也就接近理论根据的形式，最终在两种情况下达成一个判断：例如行动是正确的或者我应该做这件事（而不是那件事）。用希腊语表示：判断的意图（*prohairesis krisis estin*）——我们必须将我们的决策看作一类判断和意见，因为它是对原因的权衡结果。我们开始并无愿望要做决策，愿望是跨过描述性信念的弯路才发现合适的选择方法；我们权衡了规范性动机，在这之中才出现我们的愿望（考虑将其作为决策的经验条件），并在此基础上提出意见。这个意见的提出不是因果程序的结果，而是权衡审议的结果，权衡的结果不是事先（独立于这些权衡）就已经确定了的，技术上说通常是审议而不是运算法则，它是不可计算的。人们可能赞同，第一级谓词逻辑（Prädikatenlogik）的定理不再用以运算规则的证明。更强项的论证是有效的，即生活世界和实践动机的复杂权衡过程，因为形式逻辑仅仅是部分实践推理的缩影，它也在我们生活世界的论证里发挥作用。逻辑定理里的非计算性

（Nicht-Berechenbarkeit）标志着我们一般的理论和实践论证是不可计算的。

理论和实践论证的形式是平等（die gleiche）。愿望在审议的双重形式里发挥角色，但并没有重要地位，而信仰-欲望理论将其接受了下来。人们也可将实践审议作为理论审议的特殊形式来看待。实践审议在一个特殊类型的信念里——暂时地——得以完成，这一信念即行动或者行动方式是正确的，我们将称之为规范性信念。规范性，就像维特根斯坦假定的那样，不是外在于这个世界，逃避语言的理解，而是我们日常交流实践的内在部分。规范性表现为判断的特殊类型，它和行动有关，这些判断表现在哪些语法形式里是与以下不相干的："我应该实施这个行动"，意思等同于"这项行动是对的"。如果人们愿意，可以补充的是，判断遵循提议主张或者符合事实情况。规范性事实情况正如我应该做这件事或者那件事，同样正如论证最好的规范性信念也可以是错的。有关描述性和规范性的事实情况的*实在论*（*Realismus*）仅仅表示，这可以是真的，真实性不是从认识论上进行定义。人应该避免去走下一步，避免规范性和描述性事态从本体论上支持客观主义（Objektivismus），这对规范性和描述性的事实情况是等同的。我的观点可以被称为"*平静的现实主义*"

(*unaufgeregten Realismus*)——这个现实主义确信它的行为的正确性，是可以放弃本体论假设的。

实践理性在这个角度上是理论理性的一个特殊形式。实践原因遵从相同的逻辑，和理论理性发挥平等的作用，它导致了信念的产生。实践审议促成了一个特殊类型的信念，也即行动被证明是正确或者错误的。我们对我们产生的动机负责，因为我们的动机不只为了行动，还为了信念。行动是特殊信念的表达；在此意义上，实践理性仅仅是理论理性的特殊形式，理论理性一般地与生活世界的互动和理解构成的不同实践相连。实践原因的理解被作为理论动机的特殊形式，和实用性的、整体性的与连贯性的图式是兼容的。

信念还有愿望是以主张态度（*propositionale Einstellungen*）为特征的。信念属于认识论主张看法。"我相信这件事是这样的。""这件事是这样的"是一个见解，对此我表明立场，我的信念以为它是合乎事实的。我猜测 p 是别的认识论看法。我认为不可能还有 p。我希望 p 相反是选择性的（*prohairetische*，或者意动性的）态度，而不是认识论态度。愿望得到满足是通过 p 被研究或者被认识到的。能否要求涵摄实践理性在理论理性下，而容纳两类主张看法之间的差异？同时代的实践哲学乐于将这种差异通过指向合适（*direction to fit*）进行描述。

假如信念和世界如其所是地达成一致,信念就是真的,它的方向是按照从世界指向信念。假如世界表现得如其所是,愿望会得到实现,它的方向也就是从愿望指向世界。这一图式是启发性的,实际上抓住了一个重要的区别。

伦理学的主观主义尝试将所有伦理信念作为装扮的偏好或者愿望进行刻画。实际上在规范性信念和愿望之间存在亲密的关系。弗朗茨对沙碧娜说:"你应该明天来。"弗朗茨是希望沙碧娜明天来。假如弗朗茨对沙碧娜说"你应该明天来",但是并不希望沙碧娜明天来,那么这种表达是不真实的。这些规范性表达和愿望之间的推理关系并不足以论证其观点,所有规范性信念无疑就是愿望,所有规范性表达都可导入愿望——表达里,或者是愿望的表达。伦理学的主观主义的致命错误在于,它没有认识到规范性根据的自主性。我可以论证支持或者反对确定的社会状况的不公正,而不用加入自己的愿望。如果审议结束,我感觉有好的理由将有关社会情况看作是不公正的,那么我也就有一个——抽象的——愿望,即这个社会情况应该得到克服,在这点上实现公正。愿望是派生性的,依赖于伦理权衡的结果。我们形成了一个规范性信念,经过我们对动机的权衡,这一动机是这个信念支持或者反对的。绝不可能出现我们权衡了我们的愿望强度,然后是为了表达这一信念，符合我们愿望的强度。伦理信念遵从愿望显示了非理性的形式，类似于如果某人有了实验发现，它支持一个确定的自然科学假设，但是并不坚信这些假设，因为这与他的早期答辩相反，他希望没人注意到这点。

存在不是出自审议结果的喜好或基本愿望。根据决策情境，这出现在一些实践审议中。我最终做的事情依赖于我认为它是对的事情，在此意义上我的愿望执行确定的行动，表达信念认为这个行动是对的。同样"改变确定的社会情况"这个愿望也可以是信念的表达，即这个情况是不公正的。愿望是伦理信念的表达，而非相反。非道德主义的艺术人物可有理由认为这个或那个是否公正，但是他不会让他的愿望以此为导向，他认为这类审议的结果对实践是无足轻重的。利己主义者是类似的，他——也许——同样能够权衡什么是对错是非，但是对他而言总会是服务于自我收益起决定作用；这就是说，他从论证游戏的多样性里只选取了唯一的那个，也就是仅仅自己感兴趣的那个。这些人物主要存在于哲学讨论里，大概也在精神病疗养院和监狱里，日常生活中很少表现出来。

第十二章　态度责任

我们通常具备为了我们的主张态度的动机,这包括为了我们的认识论的和我们的选择性态度的动机。我们的信念越是得到觉察,审议的角色越不重要,类似的还有我们的行动。如果审议只起很少的作用,责任尺度也就降低,比如在酒醉或者孩童状态。如果某人饿了,他也有愿望要去消除饥饿,进一步的审议可能让他不去满足自己的愿望,例如因为他超重。某人因他的饥饿感相伴而来的愿望,想吃东西和挑食是没意义的,即使挑食可能是有意义的,因为他——已经一再地——进食,尽管他已经超重了。这里列举了刚才的说法,想吃东西的愿望来自饥饿感,他只是很受动机权衡调节性的限制。选择去厨房从上面抽屉里取出一大块巧克力吃下去,并不是这个愿望自动的后果。有人也有强烈的愿望消除饥饿感,但是选择等到晚饭时再吃。他得到了以下结果,即这个行动选择是错的,尽管它会满足现成的愿望:他做了正确的事支持更好的理由。

同样存在别的非主张的态度,对动机发挥作用。例如我们对一定的人采取否定的态度,它表现在比如有关的人并未准备和他围桌而坐或者一起参加活动。我们可以询问,存在哪些理由让他们采取这些否定立场(Haltung)或者态度[1]。也许我们从更早的一次伤害或者一个有问题的印象中获得有关明确的性格特征,或者从第三方的负面报道那里得知——为此总是提到的事支持这样的态度是有根据的,可是缺少论证。称完全拒绝这种否定立场为原因,让人看起来是非理性的。有人可能会说:"他的拒绝没有原因。"意思是:"他的立场不需要辩护。"也可以是提出的原因没有说服力,例如这个人是个同性恋。某人是同性恋的事实并未给人提供好的理由采取否定立场,它仅和人的亲密共同生活有关,而与第三方无关。如果他因而感到厌烦,这是非理性的感受,有关立场并未得到辩护。显然我们不只为我们的主张态度承担责任,还要为其他类型的态度担责,确切地说是在实践审议的——在理性条件下——结果尺度上。

---

[1] 英语概念"attitude"同时包含姿态和态度的含义。

情感态度同样受动机支配这一论题，有人可以提出异议，认为人也许可以保留他的一些立场和态度，只是简单地拥有这些。今天的同性恋恐惧很少会被承认，但总是听到偶尔有人会说："同性恋让我作呕。我不能面对，现在已经这样了，我对我的感受无计可施。"在态度和感受（Empfindungen）之间并无分明的界限。比如面对一顿异域的吃田鸡腿的餐点，我有厌恶感觉，感受到了这种厌恶。我拒绝吃这道菜，也许是因为我知道菜是什么原料做的。我对这顿饭有个——消极的——态度，比如表现在端上来我拒绝吃；拒绝进食可以是根据动物伦理，面对用餐的恶心可以是一种否定态度的副作用（Begleiterscheinung）。否定是有根据的，如果有理由让人相信，可以是理性的。厌恶恐怕是一种基于态度的感受。认为态度是理性地成立的，因此厌恶同样是理性上成立的吗？看起来在态度与感受的连续统里情感的尺度通过动机发挥了本质性的作用。实践审议的作用越是清晰，我们就越会提及态度而非感受。情感尺度考虑动机越少[1]，我们提及感受越多。将对同性恋的否定态度作为单纯非理性感受进行描述，是想去除关于他的态度的论证义务。

---

[1] 人必须留心这里总要加上"理性的"，也即对于有完全责任能力、判断能力和抉择能力的人。

他标榜他的这些态度和感受不受控制，对此他无计可施。

我们观察一个人对蜘蛛感到恶心的情况，即使他知道——无论如何在我们周围环境——蜘蛛并不是有毒的，也不会有什么危险。有些生物学知识证明，对蜘蛛和一些其他的昆虫感到恶心是由于基因遗传。有关人可能会说："我知道蜘蛛不会有危险，可是我还是会感到恶心，我现在就有这种感觉。"我们会否定这种看法。如果这种恶心让人太过困扰，也许我们会建议他靠近一点观察安静时候的蜘蛛，以此逐渐消除——无根据的——恶心。我们可以稍微改变一下例子。有人会说："我害怕蜘蛛。"然而这个害怕的态度只是在蜘蛛具有危险时才有根据。如果这人同时承认，他知道蜘蛛没有危险，他也会承认这种害怕是非理性的，害怕因此毋宁是态度而非感受。我的害怕是无缘由地表现出来："我不应该有这些恐惧！"我看到情感尺度通过动机发生变化。其中我们的态度是——理性条件下——受到动机的控制，我们要对此负责。

我们偶尔提到道德感，它对我们生活世界的互动交流是不可或缺的。当我们让人承担责任时，我们严肃地看待别的行动者，并对他的这样或者那样的行为感到生气。我可以——理性条件下——只对人的这个行为感到生气，要是我能让他对此负责,要是我从中知道他做了这事本该是有理由的,他应该——正如偶然形成的那样——知道自己做了什么。如果正如被证实的,这个行为伤害了我是由于不同文化间的误解,这个人根本不清楚这个行为会对我产生怎样的影响,他的行为表现正是他的文化通行的那样,我不会对此再生气;因为这个原因,正是这个人行为所具备的文化,不能论证这样的反感。或者我们拿以下情况举例:我们得知这个人根本没有能力评估他的行为对别人造成的影响,比如因为他患了精神疾病,那么我们根本也不会对他的行为感到生气。我们的道德感受和感情建立在我们相互地觉察对方是自由尽责的,我们可以追查——像流行的和不是没有问题的表达方式那样——彼此的自由和责任。表达方式不是没有问题的,这是因为我们实际上是否是自由和尽责的,可以公开地对此进行"追查"(zuschreiben)。

第十三章　责任和个人身份

在个人认同和责任概念之间存在紧密的联系。负责任的人（Wesen）正是这些人我们可以追查他的个人身份，个人身份是以责任为前提的。支配动机——行动动机、信念动机、态度动机——的人，具备个人身份；不能支配动机的人也可能有一个身份，但不是个人身份认同。支配动机的人也可以负责任，拥有个人身份认同的人是负责任的。

发生了一件可怕的犯罪行为，作案人对于抗议做出反应，不是他否定自己的行为，而是声称行为在他看来完全没有得到澄清，他不能解释为何自己会犯罪。也许他会补充说，他回想不起犯罪过程。作案人这里所做的解释意味着和动机（Gründe）有关而不是原因（Ursachen）。在这点上对他是解释不清的，因为他不能理解自己的行为（或者假装他不理解）。正如他知道自己是人（或者认为知道），他不能提供好的理由这样去做。记忆漏洞进一步指示了连续断裂，在作案时间上表现得简直就像换了一个人，而出于完全不同的动机，有关当事人事后看来是陌生和不恰当的。也许他会认为，他在那时完全换了个人，不是他自己了，好像别人在作案。

这些描述是否会影响审判，在这里是次要的。也许这属于失控，行为人要坦白让罪名减轻的情节。如果作案人的描述是真的，人们会说这属于失控；失控是相对于他正常的状态而言的，也许作案人过去是有很强的控制力，他的行为也是准确地进行过预谋，而非出于一时的情绪反应。失控涉及更深的基础依据，也即行动导向的动机方面的失控，平时生活延续至今养成的个性，涉及和它有关的突出的态度、信念和行动。他是能够在伦理上对其行为负责的，因为他可以援引有说服力的理由来支持他所做的事。这些理由的信念力（überzeugungskraft）要求两个维度的连贯性：必须确保每个时点涉及权衡的理由的整体是一贯性的，必须确保跨时间的变化在动机结构里是可追溯的，也即自身是可论证的。如果人们对之前的事感到吃惊，然后再次提到每个原因，尽管它涉及的是类似的情境，那么他也不能说服我们，看来也未对我们尽责。我们会追问进一步的根据，解释这些相互矛盾的意见。如果不能得到解决，我们会觉得行为人是令人费解的。

如果这些现象经常出现,他最终会被从交流互动团体的成员中排挤出去,因为我们不再知道我们到底和谁有关,我们中有谁会被涉及。这个人形成了动机,它是足够连贯的,跨越时间足够稳定或者精确,是内在和交互连贯的。这些原因构成了我们通常所称个性的内核,它铸造了根本的态度、信念和行动。

在法律上有诉讼时效(Verjährung)的制度,这被实用地看成是对法律的贡献,或者作为伦理责任界限的表达进行解释。随着时间距离的增加,现有人的责任降低,因为他和作案人有更少的相同之处。个人形成的动机也会在时间流逝中发生变化,如果这种改变进展得足够缓慢,我们不会要求为这种改变辩护的(元)动机。责任的连续统就像人一样是一个渐变的过程。

玛丽亚·格拉齐亚·库奇诺塔(Maria Grazia Cucinotta)说:"我认识到每一天的我都是新的。"(Conosco ogni giorno una nuova parte di me.)[1]有些人总是会对自己感到吃惊,他们每天都会发现自己翻开了新的一页,赞叹自己的转变能

---

[1] 库奇诺塔是一名意大利女演员,生于1969年,凭借1994年的电影《邮差II》赢得国际声誉。这句话可见她在意大利杂志《心理学:人到中年》(*Psychologies. Al centro de la vita*)上的一次访谈,2005年9月版第10—14页。

力，惊骇于之前的态度、信念和行动。一个相对稳定的内核以病理学的形式，从态度、信念和行动方式里消除了人们所称的个人身份认同，它给予了生活以结构并以此认识个性。

我们必须细致地分清两种事物：一方面是心理状态的连续性，另一方面是决定个性属性的连续性。同样一个"惊叹"自己愿望、抉择、态度和信念一再进入病态极端的人，可以指出很多持久的心理状态和特征；明确的经常性的回忆和感觉，就像关联性（Assoziativität）、发散性（Ablenkbarkeit）、跳跃性（Sprunghaftigkeit）、强烈的热情等，可以算作这些特征状态。心理状态和性情时间上的连续性不是一个发展了的稳定个性的证明。相反，只有自强的个性可以在文化期望的多样性里和自我改变的环境里宣称，他可以在不同的互动场合每次恰当地表现，而不失去自我，不必放弃他的个性中决定性的特征。它并不在于身份恒定性的量的大小，而是事关个人将其生活作为整体尽责的能力，关系到时间上对于行动、信念和态度的恒久的动因。个人认同涉及接受原因的稳定性，这一实践和理论审议的稳定性基于不同的挑战，挑战分时间内部的和生命时间进程中跨时间的。

东西方哲学尤其争辩的是，是否存在这样的个人身份认同。在西方特别是唯物主义（Materialismus）和自然主义（Naturalismus）导致了对个人认同的怀疑，在东方反对的根源可以在泛灵论（Pan-Psychismus）和印度教的（hinduistischen）以及佛教的（buddhistischen）唯心主义（Idealismus）中找寻[1]。个人身份的概念在西方唯物论和自然论里是作为宇宙论遗迹看待的，并不与自然科学的世界观相称。东方的批评和个人身份观念的进路（Stoßrichtung）是另外一种：这个努力追求受到意图操控的个体的我（Ich）是人为的割裂。觉察、感知、信念形成心灵的河流，它既不能通过不变因素，也不能通过物理现象分割开来。禅修（Meditation）是一条消除执着（Fixierung）个人身份的路径，并最终消解个体（das Individuum aufzulösen）。禅修对此先认识到了涅槃（Nirvana）的状态，道家通过否定我导致从根本上对行为的厌弃，两种因素对个人身份持有怀疑；自然论和唯心论必须想出办法和生活世界的个人责任状况统一，解决办法通常采用了伦理学形式。佛教禅宗是集中于每个行动（Aktivität），一方面忘我，另一方面达成可以信赖的结构性的实践。德里克·帕菲特（Derek Parfitt）认为，连续性

---

[1] 自然拿出自西方哲学的概念像"唯心论"去套佛教和印度教并不是没有问题的。然而在东方传统里也存在唯物论和唯心论的观念之争，这些争论因为信仰系统里宗教和哲学的融合得以解决。比如，同期的日本禅宗思想吸取清晰的唯物论和自然论元素，促成了禅宗哲学和量子力学的结合。

(Kontinuität)和连通性(Konnektivität)使得诸如跨越时间的责任行为成为可能，即使是被压缩到一个不合适的后果主义的框架内。[1]

结构性理性的理论对这些形而上学选项是中立的，它仅仅要求审议对于信念、态度和行动发挥本质性的作用，批评严厉的自然论，它连原因也全然是可自然化的(naturalisierbar)。通过结构性理性理论，我们并不确定坚实的形而上的个人身份方案。理性、自由和责任的概念在此是渐进主义的(gradualistisch)，这一方案也有融会能力，比如与"无我"(Nicht-Identität)[2]的禅宗理论。

结构性理性要求原因可以让我们的生活结构化连贯起来，很好地与所求的忘我(Ich-Vergessenheit)的超验性实践取得一致。根据结构性理性理论，自我幸福不是理智行为和判断力的中心取向点(Orientierungspunkt)，它允诺了别人的幸福和为数众多的实践和理论审议过程的其他确定因素，能够促成连贯性的态度、信念和行动。在自我中心

---

[1] 参看 Derek Parfit, *Reasons and Persons*, Oxford [u.a.]: Oxford University Press, 1986。
[2] Nicht-Identität，在此翻译为"无我"，作者本意是表示为不取个人认同，是否可以翻译为禅宗意义上的"空"有待商榷。作者对禅宗思想的把握是否全面贴切，也有待研究。比如禅宗有所谓"万法归心，心归何处"之说。可见空与非认同之间不一定能画等号，而作者所构想的结构性理性本身去除本体论的想法能够与禅宗理论进行融合，可见下文。——译注

性（Ich-Zentriertheit）的克服意义上，超越（Transzendenz）被嵌入结构性理性理论的基本原理中。承认（Anerkenntnis）原因的多样性和否定自我幸福的简化论已经包含了超越形式。集中于某物——忘记自我［selbstvergessen，不只自己，还有所有其他的"中心表演"（Nabelschau）］——是禅宗实践的核心，这并未在禅修中得到详细阐明，而是包含了大概虚拟日常活动的整个多样性，禅宗鼓舞的艺术组成的宽广谱系都属于此。

假如无我（Nicht-Ich）构想并未对个人责任构成问题[1]，它就和个人身份形式是一致的。无我（Nicht-Identität）的形而上学有它的界限，表现在它和我们个人责任的生活世界事件相抵触。个人身份作为个人责任的条件，相比于理论或者形而上学方面，不只涉及伦理学或者语用学（pragmatischen）方面，一般地还是我们建立相互理解和互动实践的超验条件。

---

[1] 参看与此相对的著作：Christina von Braun, *Nicht-Ich. Logik, Lüge, Libido*, Frankfurt am Main: Neue Kritik, 1986。

第十四章 后果责任

如果我们实施行为，我们眼前就会有我们的行为后果。一个流行的理性理论表示，为了确定行动的价值，我们应该仅仅顾及行动的后果，确定这个行动相比所有其他可能的行动是否更好。马克斯·韦伯区分了信念伦理（Gesinnungsethik）和责任伦理（Verantwortungsethik），其中责任伦理将决策期望的后果和副作用作为衡量标准，以其富有启发性的并置（Gegenüberstellung）至今还影响着政治修辞。事实上这种信念和责任的对照导致了混乱（Irre）。行为包括政治行为单纯的后果取向（Folgenorientierung）会销蚀所有道德的基础，最终甚至使得相互理解都不可能。在我们进入下一步的探讨之前，首先要澄清我们在何种程度上要为后果承担责任。

这是一个乍看起来显得合理的观点，即行动责任包含了后果责任。如果我们要为一个行动负责,那么也要为所有它的后果负责。责任伦理学家会补充说,这构成了行动责任,行动责任表现为准备承担自己行为后果的责任。这个看起来合理的观点是错误的。为了看清这点,我们必须在决策论(Entscheidungstheorie)里做短暂的停留。我的决策用行动表明了其后果的概率分布。有时确定后果确实好,其概率接近于 1,所有其余可能的后果其概率接近于 0。假如我决定乘飞机自法兰克福去纽约,也存在一个飞机坠落的概率,即使非常小。冬季因为暴风雪,还有更大的概率在法兰克福登陆或者在纽约延迟着陆。去年有个越来越大的概率,也就是机票超订,我必须转移到别的飞机上等。如果我乘坐汽车,我必须计算是否会遭遇一场车祸,尽管概率很小。即使我很注意遵守交通规则,我免于罪责地参与城市交通也会导致一个人死亡。"责任极端主义者"会说:"你决定参与城市交通,你很清楚这就是和风险绑在了一起,这样你要为你的所有决策后果承担责任。"这样的立场混淆了两个完全不同的问题:一个是,参与城市交通是否就要承担责任,它依赖于我因参与给他人带来伤害的概率;反过来看,依赖于我的个人能力和性格特征。如果我开车太过急躁,越过了风险尺度,我就应该被从城市交通的参与者中排除出去。如果我开车三心二意,不能集中注意力,和人谈话很容易走神,那么我就不应该开车。但是我们假定一次,我属于成年人里的大多数,所有条件都具备,足够集中注意力,也有其余能力和性格特征,以可接受的风险概率参与城市交通。然而现在发生了事故,我对此并无罪责。如果这次事故的发生每个人都无责任,那么我在这次事故后果上(我们假定发生了不幸的事,一个孩子出乎预料地在大街上跑被撞死了)也不负有责任。我或许要为这次决策负责,没有充分考虑风险,这个风险是由我参与城市交通带来的;由此并不能推出,我要对这次决策的所有因果性后果负责。刑法规定只是协调责任能力限制。

负责能力限制到什么程度?在此例子中,对一个人的死亡,我的行为的因果关系是和以下相一致的,即我对这个人的死亡不负有责任,责任追究(Verantwortungszuschreibung)只能够让所有不同种类的事况保持连贯性,它存在于将事实责任彻底限制在自我行动上。**我们只对我们的行动而非对其后果负责**。这听起来比较有悖常理,关联着流行的语言用法的模糊性。为了表述清晰,我们再次退回到基本的决策论进行描述:行动总是包含了关于可能的行动后果的概率分布。为了行动做出决策,我就接受了关于行动后果的有关概率分布,我必须为之辩护,我要对此承担责任。

更确切地说，我承担了关于行动后果概率分布的责任。我承担的不是意外的责任，对此我不能控制，它导致了这个而非别的行动后果得到实现。如果我守在红灯前面，就有从此通过的汽车引发一场追尾事故的概率。如果我在红灯前面踩了刹车，我不必每次都往镜子里看，尽管其概率并不是 0。概率是足够小，所有交通参与者的默契是停候红灯，要保持足够的间隔，以便红灯之前踩上刹车不会导致追尾，足够让我在可能的意外情况下，即使有想不到的行动后果也能充分免责。

我为我的行动后果承担责任，也是在每个让我做出决策的行动范围内，我同时接受了关于行动后果的概率分布。人们可能会说，我为我的行动的可能后果加权了的每个概率承担了责任，这种说话方式让人头脑混乱；为此我们应该坚持说，我对我的行动负责，在此范围内也为关于行动后果的概率分布负责，是它引起（verursachen）了这些行动[1]。后果责任包括在行动责任和联结有关行动的概率分布的责任范围内，另外没有独立的后果责任。

在理性决策论的一些模型里，决策甚至被等同于"抽

---

[1] 这里人是否可以提及"引起"在科学论和概率论里是有争议的。对一个有问题的因果性概念我说了很多，这一概念正当化了这种说话方式。

奖"或者主观概率功能。在著名学者萨维奇（L. J. Savage,著有《统计学的基础》）看来,行动是功能,事态（决策条件）以一个确定的概率描述了行为人的主观状态。

我们选择之前的例子反过来说,某人从桥上扔了一个鹅卵石,它从正行驶着许多车辆的高速公路上掠过。这个行动带有不可接受的大的概率严重伤害到人,比如导致人的死亡。尽管这个概率只浮动在20%上,这样的行动也是违法的,即使没有造成人员伤亡,他依然违法。意外没有发生也不能使他逃脱责任。他承担行动的责任表现在致使他人受伤的不可接受的较高风险。

彻底地将实践责任限定在行动上,绝不意味着对期望中的后果不必负责。当事人期望的后果是全部行为归因的一部分。我们通过行动为期望的后果负责,是在我们接受了行动抉择后由行动引起后果的概率分布范围内,我们必须有个好的理由来接受它的后果的概率分布。我们的责任表现在我们能给出理由说明,为何我们接受这种联结行动的风险（Risiken）和机会（Chancen）。行动动机权衡的一部分存在于对其后果的权衡,权衡了积极的（机会）和消极的（风险）;这里我们允许别人受益是对损失做了道德评估,然后用我们的行动将相关的其他部分作为收益。在对风险和机会

第十四章 后果责任

的对称处理中存在着一个流行的后果主义的错误判断,就像它对**技术评估**(technology assessment)至今的影响。风险和机会自行平衡地处理其可能的损失和收益,同时可能的优点通过可能的缺点在相同范围内相同概率下相互抵消。我们的实践是第二位的,就像许多研究显示的那样,对我们本人并非对称的:我们避免损失更甚于抓住机遇。整体保障依据一个原则,即通常不会非对称、非理性地对可能损失做保险。针对我们给他人带来的损失,对称性无论如何也不是值得欣赏的。每人都会允许别人带来一些好处,没人会允许别的什么人违反他的意志给自己带来损失,别人几乎也会拒绝让他们遭受损失。尽管损失是以行动的可能性后果出现的,它意味着有关人有更大的受益概率,但他们也会拒绝(确切地说,即使基于行为人可能受益和受损的行动的期望值是积极的)。

我们举一个简单的例子。我全权支配一个人的账户,这人全部储蓄加起来有 10 万欧元。银行现在提供了一种投资方式,风险很高但在最佳状况下收益也极其可观,有 90% 的概率 5 年内这 10 万欧元可以增值 4 倍,有 10% 的概率血本无归。在边际效益(Grenznutzen)递减情况下,投资的期望值增加。我出于对财产人最大收益的考虑,投入了这笔钱，然后输光了。财产人会用法律控告我把他所有的储蓄用尽了。我向他指出只有10%亏空的概率也无济于事。我用10%的概率允诺他人不受损失，或许我可以赠给他30万欧元，但是这个期望的"礼物"90%的概率在道德上不能抵消那10%的预期损失，原因直接在于我并没有道德义务赠予这个人30万欧元。我有这人所没有的更大的道德义务，不会违反他人意志塞给他这些欧元。在妨害（*Schädigen*）和行善（*Wohltun*）之间存在道德的不对称性。行善在一些情况下值得称赞，妨害是几尽被禁止的。我们并无义务行善，但是有义务不去妨害他人。

不对称性（Asymmetrie）是自治伦理（*autonomistischen Ethos*）的措辞，深深地扎根于我们的日常道德实践。我估计自治伦理和现代性深化了欧洲的人本主义（Humanismus）和法国的启蒙运动（Aufklärung），浸染了我们道德实践的深远领域。我不认为，日常实践的自治因素形成于现代性或者康德那里，我们可将它的足迹至少追溯到古希腊经典时期。与自治伦理对立存在的是家长式（paternalistisches）。照它而言，我允许所有为了别人而做的事，其中我——以好的理由——认为这对他是有好处的。父母对孩子这样去做，自身——有责任的人不会允许如此对别人——是有责任的人的表现。相互责任认定有其限度，它是通过自我责任（对自己行为和生活负责）被延伸的。父母对孩子具备责任，这——仍然是——无限制的，因为小孩不能为他自己承担责任。父母与孩子之间家长式的责任关系并不可以用于成年人，即使他们不具备相同的身份地位，相互地处于一个命令关系中。传统的医疗伦理是在这种家长式意义上，医生根据最好的知识为了他的病人的健康服务做出决策；今天这种家长式伦理通过"知情同意"（*informed consent*）原则被取代，因此病人自己要做出抉择，医生根据最好的学识告知病人现有的可能性治疗方案。知情同意是自治医学伦理的概念。现代医学尝试让病人承担整个责任。家长式的关怀关系（Fürsorge-Verhältnis）被替换为独立的合同关系（Vertrags-Verhältnis），意味着明显地过度要求病人；偶尔如经验研究所表明的，家长式伦理怀念帮助病人减去艰难的权衡和存在的抉择，今天垂死的人不断地被苛求中断治疗，（通告选项）在清醒的意识下明确地决定他的死亡。

他人的自我责任意味着他人不会在他的位置上进行抉择，每个人的决策总的来说可能都是为了自身。人不应该做出决策，限制别人的决策空间。我只允许做出这样的决策，能和所有人的同等自由相一致，所有人一样地进入自我设定的生活。现代社会的规范性基础要求义务伦理学,**义务论**(deontologisch)区别于**目的论**(teleologisch,或者后果主义的)伦理学,在于它承认原则为正确决策的标准,原则必须被包括其中,即使它对于期望的后果不是最优的。以上例子里,我不能被允许输光别人的财产,即使我所期望的好处对这个人是很大的。每个自我负责的个人的同等自由需要我们承担义务,限制后果最优化的活动空间。交互承认是责任人、尊重自治、周围的人责任自决(Selbstbestimmung),限定了我们合法的行动选项,尽管我们的动机不是自我中心的,而是利他主义类型。责任伦理学家或者后果主义者在此回应说:"无疑,我们作为有责任的行为人,应该考虑到所有后果,当然同样会损害到别人的自主和责任自决。"这个论证并未明白,尊重他人自决要求我从行动中看出,即使我有好的理由,行动通过广泛的后果权衡后是最优的,即使一个人的决策客观上对他是有害的,我对此也要尊重;即使假定根据更好的物理知识可以做出正确决策,我也应该从中看到个别情况,每人必须为他自己做出决定。自然也可以放弃个人决策,或将其委托他人,比如交给他认为能够胜任的人。我可以将我的一份基金财产委托给他人,如基金经理会根据最好的学识做出决策瞄准最优目标。然后即使遇到了意外后果失去了我的财产，我也不能抱怨。我可以要求基金经理仅仅因他错误的风险评估负责，或者因为他根据正确的风险评估做出了错误的决策，要求他不要再干涉我的私人决策权。我做出决策将我的财产委托给了基金会，这就交出了决策权。进一步的限定是可能的，自我负责的人放弃他的个人权利，这个界限可以伸延多远是个困难的规范性问题。在德国民法（Zivilrecht）里，如果合同是不正当的，就是无效的，即使缔结合同具备合同内容的全部知识，满足了知识特性的前提条件，做出了负责任的决策。这里法律限定了单个人的自治权（Autonomie），一般地都会承认对个人权利的自由可支配性的最后界限，在于作为自主当事人自身地位的放弃。没人会允许例如作为另外一个人的奴隶被买卖，因此自觉接受的私人依赖关系是被排除的，它有这一特性，当事人任何时候都有自由终结这一关系。

尊重自治权在行动责任里引进了一个义务论因素，合作是更进一步的因素。只有当事人放弃选择最优化他的个人目标（这不一定是之前个人利益）的策略[1]，合作行为才有可能。在合作场合每个当事人都要为成功合作负责，责

---

[1] 参看第五章。

任的觉察是通过每个人承担共同实践的相应部分，以此达成合作目标。合作实践贡献于成功的专门责任自相矛盾地要求单个的人放弃个体的后果最优化。在合作实践里存在一个关于起初共同达到目标的共识。不同的行动选项各自通过合作行动，也即通过每个个体行动的组合，得以确定下来。在共识范围内——共识可以通过相互一致达成，或者在对接受共同理性标准的信任下——限制每个个人责任，为了合作实践达到成功做出他们应有的贡献。如果个人为了最优化他的个人后果而行动，则合作实践失败，后果最优化充其量是基于给定候选的集体行动而成立的集体行动，但其自身不是被强迫的。

PD		B	
		C	D
A	C	3/3	1/4
	D	4/1	3/3

C：合作；D：拒绝合作（不合作）；
A，B：当事人（第一数字：中止A，第二数字：中止B）

如果我们在此矩阵里将数字解释为后果价值，表示两个行动者 A 和 B 个人行动的组合，双边合作会达到价值总和的最大值 6。如果一个人采取合作另外一个不合作，每个个人行动的其他组合得到一个较低的总和 5。如果两边都不合作，总和是 4。如果每人最优化他的行动后果，决定双边都不合作，得到的结果值是 2。

我们假定，双方都不是利己主义者（Egoist），而是功利主义者（Utilitarist），A 会假设，B 合作他才合作，这样受益总和是 6 而不是 5。如果他认为 B 不合作，他会合作，因为这样总和是 5 而不是 4。功利主义者会在两种假定下行动，一种是别人合作违反他的自我利益而行动，一种是别人不合作符合他的自我利益而行动。如果 A 和 B 彼此都很清楚，他们是功利主义者，那么双方理性策略是合作，因为双边相互接纳了对方都会合作。

我们稍微改变一下计算矩阵：[不合作的奖励从 4 升高到 6]

		B	
		C	D
A	C	3/3	1/6
	D	6/1	2/2

结果值总和现在是最高的，如果一个人合作而另外一个不合作（7）。个人后果最优化和合作的发散度并未改变

它。同样有效的是,从利己主义观点出发,任何情况下最好是不合作(有关他人行动独立于人的期望)。每人各自进展得更好,要是双方独立行动不去合作,合作结果只得到了(3,3),尽管互动双方每人放弃最优化自我利益。非利己主义者在这种场合(合作困境或者囚徒困境,Kooperations-Dilemmata oder Gefangenen-Dilemmata)下有个优点,要是他们彼此会面:两个利己主义者也只得了(2,2);两个乐于合作的人,排除自我利益的最优化,尽可能达成合作实践,可以得到(3,3)。

这次经过双边合作,结果值的总和不再是最高的。对于功利主义者来说,分配的问题是无关的,他仅仅计算收益总和。如果涉及两个功利主义者,一个如果可以假定另外一个合作,就会不合作(这不只符合他的功利主义动机,还有他的自我利益)。如果他假定另外一人不合作,功利主义者就会合作(这种情况行为违反他的自我利益)。因为形势是对称的,我们假定两人之前不能取得一致,这两个功利主义者会不知道该如何才能行动。

在这些例子里,我们仅有一个可能性能明确照顾到集体利益,即功利主义的办法。人也可以设想别的标准。这个例子的意义仅仅是为了明确,甘愿合作、积极投身于合作实践不能和利他主义混淆。固然不止一次地说过,合作实践最大化了社会福利(两个例子),同样也绝非每个合作一定都是理性必需的。举例可想而知,除非有选择合作策略的好的理由,行动者才会期望另外参与合作的人也是准备要合作的。无条件的合作依赖于别人是否参与合作,不过通常看起来像是非理性的,其他人反对合作,即不参与合作,是因为会吃亏。例如卡特尔法[1]尝试禁止扭曲市场的合作。

如果这种对第三方的损害作用并不存在,合作或许可以建立起来,人们将其作为建议解释给个人群体,在此情况下合作实践一定能够达成。如果这种(虚构的)建议存在好的理由,对单个的——潜在的行动参与者——人也有好的理由推动合作实践,这正好促成了结构性理性。单个的人可以贡献于一个实践,通过参与,这个实践产生许多可能后果,而这些后果也有好的理由。如果存在集体实践的好的理由,也就存在单个参与实践的好的理由。合作不只是作为集体行为进行理性地解释的,还针对每个个人,因

---

[1] 卡特尔法(Kartellrecht),是1957年德意志联邦共和国颁布的《反对限制竞争法》,简称卡特尔法,为了防止卡特尔等限制竞争行为对国民经济和社会利益造成损害。——译注

为合作的集体实践是理性的。不必另外指出，我的集体实践的个人参与是效果最优化的——它是在我的自我利益或者集体福利的意义上，每个单个的人为集体合作实践承担责任，责任不会打破自我行为的效果评估。责任在行动所处的结构性语境中只是可以理解的，它是行动者所能贡献（或者可能贡献）的起码潜在的合作实践。

第十五章　合作责任

只有参与者个人克服自我中心主义,合作实践才能成功,行为人必须将自身行为看作集体合作实践的根本组成。导向性意图是以合作实践为目标,而非自身行为的后果,这已经在以上段落里清楚地显明。现在我们更确切地来看与合作实践相关的责任。合作实践概念上领会得并不恰当,要是人保持激进的个人主义(Individualismus);这说明了理性决策论里博弈论(Spieltheorie)分支的无能为力,不能恰当地描述合作实践,以此发展令人信服的标准。迭代法走过的弯路[1]只是暴露了决策理论的无计可施。个人局部后果最优化是理性决策论的个人主义基本原则,而不是在理性合作

---

[1] Robert Axelrod, *The Evolution of Cooperation*, New York: Basic Books, 1984; Brian Skyrms, *The Stag Hunt and the Evolution of Social Structure*, Cambridge: Cambridge University Press, 2004.

现象层次上进行理解的。合作实践的特征要求参与者个人不要去做个人后果最优化，它在合作实践里对个人责任的标准起反作用。我们拿集体合作的极端例子来说，它的成功无关于我的贡献，尽管看起来我要为集体行动承担连带责任。人们可以建构一种状况，集体行动得到了实施，同时并非只有单个行动参与者对于结果的贡献是重要的。激进个人主义的个人行动责任是和个人行动的因果作用相结合的，达成了一个似是而非的结果，集体行动的参与者没人会对此承担责任。行动几近不负责任地发生了。一个党的共同选举就是例子，起码在国家选举中，个人参与对于结果分布是不相干的。一次投票（Stimme）大概绝不会起决定作用，因为它在测量精度以下，是以对计票偏差和满足有解释力的选票测度为根据的。在美国布什和科尔的选战中，选票的差距只有几千张，并未大到可以得出明确的选举结果。最终选举结果必须在法庭上颁布，禁止进一步计算，可能每次都会导致另外的结果。国家选举中，每个投票行为对于结果肯定是不重要的（完全不必计算相应较低的概率，就像对所谓选举悖论的讨论）。每个公民从中可以看出，选举结果恰恰是平等选举，不依赖于现在是否投票。如果 A 党根据选举成功的要求调整了纲领，因此追究其选民的连带责任是非理性的吗？我的回答很清楚："不是。"一个参与合作行动的人对其行动的连带责任不依赖于自我贡献的因果作用，量化连带责任最简单的形式是将责任按照对称地参与合作的数目进行平分。如果参与是非对称的，也即单个人对于集体行动的参与起到比他人更大的作用，那么相应地须对个人责任进行加权。合法标准在承认合作实践的个人责任（比如犯罪团体里单纯的成员身份就要受罚）和个人责任的激进个人主义因果性绑定二者之间摇摆，在这之中一个人要是其行动不是因果性地起作用，就不用对此负责。无疑这是一个不连贯的法律标准，这种不连贯性应该被排除，这一合法标准应该通过更清晰的概念性，将个人合作责任包含在内。

合作责任是以特殊理由为根据，合作人以此理由参与合作实践。这些理由并不涉及自我行动的因果作用，而是涉及支持集体（合作的）行动的原因；它会影响我的个人行动动机，因为它是有关合作的实践部分，这里再次凸显了结构性理性的方案。如果存在结构性行动的好的原因，它同时也是那个局部行动的好的原因，从中聚合成结构性行动。局部行动只是可论证的，因为结构性行动可以论证，结构性论证可以被转化到局部论证，这适用于个人内部情况，也以同样的方式适用于人际之间。行动者是否平等，对于局部行动和结构性行动之间的关系并非本质性的。在个人内部，它存在于我的局部行动对我的实践行动方式的结构性行动的关系；在人际情况下，它是为了将每个个人行动份额的比例导向集体实践。若不放在结构性语境里，局部行动各自"悬在空中"，是缺乏根据的，观察者也无法理解，这种嵌入并不通过因果性，而是通过恰当的意图。行动者的指导意向必须如此选择局部行动，即它是结构性行动的一部分。行动者可以通过他论证结构性行动来论证局部行动。我为这个党投票是期望这个党别的追随者也为它投票，参与到集体行动中来，通过每个个人投票执行了集体行动。我对此次投票负责，因为我参与了这次集体行动，我投票的原因也是支持集体行动的原因。反对意见会说，我的个人投票是因果性地不相干的，它忽略了我的行动是集体实践的一部分，并非基于每个局部作用。

举个别的戏剧性的例子：六个被收买的黑手党杀手开摩托车冲向帕拉米塔咖啡馆，射杀了一个持卡宾枪的警官。六个杀手每人给了他一枪，然后跨上摩托车消失，这个警官死了。六个人被拘禁在警察局，成为"*悔过者*"（*pentiti*）[1]。法院调查得出，没有哪一枪造成了他的死亡，六次射击产生了

---

[1] *Pentiti*（单数形式 *Pentito*），一般用于意大利黑手党成员的语言中，指选择悔改、接受宽大处理的黑手党成员。——译注

一次死亡效果(血流太多,急救医生刚赶到就死了)。根据诊断,每个单个的射击对于受害人的死亡构成原因,没有这一次射击,受害人见到急救医生时还会活着(我们可以假定他能被抢救过来)。其余五个杀手在参与作案的条件下,第六个人参与作案构成了他的死因。如果每次三人开枪已经足够让他流血而死又是怎样?必须重现要在哪种后果序列里射击人体,然后谴责最后三次射击造成凶杀(或者只是因为被评断为引起了凶杀)?即使第一次和第二次射击并不足以杀死受害人,第三次就能被判为凶杀吗?或者人们应该如此论证吗:六个被收买的黑手党杀手中,没有哪一个可以被判为凶杀罪,因为每次射击不会置人死地(不考虑其他人参与作案)?

这类思考是错误的激进个人主义的结果。如果人介绍了合作(个人的!)责任的概念,就像上面所讲的那样,这些分析其实是多余的。六个杀手每人承担导致受害人死亡的部分,每个参与人和其余五个合力导致了受害人死亡,单个作案参与的确切因果效应是无关于道德评价的。存在共同的激发合作的意图,通过六次射击(每个杀手准确地射击一次)导致受害人死亡,这六个人要对他的死亡负责任,每一个人要为之承担连带责任。情况是对称性的,每个人对其死亡都有相同的责任,独立于射击发挥的因果性作用。

只有一项合作责任是在专门个人行动责任的意义上,个人要为他的行动承担合作责任,这一责任要求论证参与合作的行动,它是通过他从所支持的集体行动到对他集体行动的贡献额度的辩护而成立的。个人合作行动的根据在集体合作行动根据的形态(erfolgen in Gestalt)中完成。合作责任保持了个人责任,尽管原因涉及的是集体行动。在集体行动下,我们这里理解的只是个人行动的组合,个人行动被聚合在了共同的合作意向里。

即使人们这里通过个人合作责任想要谈论的是集体行动,那么也仅仅是在合作实践责任在集体方面对合作参与者的意义上。通过合作实践构成的集体(Kollektiv)总体上说承担责任,这样的集体责任不允许接触集体主义的形而上学,将心理特性和道德品质赋予集体。严格意义上只有个人行动者,只有个人行为,只有个人支配行动的本质意图,集体行动或者集体责任的说法一直是在象征范围内使用的。

第十六章　法团责任

　　这里集体在严格意义上并不行动，也就不存在集体责任，同时没有真正的法团责任，也即来自法人社团（协会、企业等）的责任，这些观点首先看起来一定是完全错误的。毕竟我们要求企业负责任，人们只有个体责任的看法会造成人在经济、政治和社会中广泛的责任缺失。

　　企业或团体是行动者。它们订立合同，追究责任，它们对所做的事说明缘由、预防未来、施加权力，进入合作关系，并同其他企业或协会展开竞争[1]。当然极端情况下，有些公司追逐公司成员不会追求的目标。公司董事长喜欢追求的目标是最优化自己的股票投资，一些董事会成员希望他的

---

[1] 人们将"企业或协会"当作两个合作的范例形式。我们眼前存在集体行动者的宽广谱系，对此紧要的是它们是制度性地增强的。因此企业简直是合作的典范，也包括经济联合体、工会、社团。特殊情况下政治行动者如乡镇、州、国家，我们会专门去说。政治行动者同样会指明这些制度性增强的特征，对于别的集体行动者例如"人民"或者教会，通常并不如此。

追随者马上上岗,研发部门想做出受国际认可的成绩,技术工人想完成一道像样的工序,不要惹恼领导,女秘书尝试通过专业的工作投入维持一种愉快的办公室气氛,有些人企图拖拉懒散,有些人企图挖走刚出现的有活力的竞争对手等。这些所谓陈俗旧套只有在以下方面才会显得合理,即企业将一般专家判断公开作为上层目标提高国际竞争力,或者致力于短期明确提高它的股指;企业可以追求这些目标,即使没有一个公司成员追求它们。这可能并不经常出现,但看起来是可能的,就足以说明问题。

　　消除这些问题最简单的方式是将行动者特性归于法团之上。法团如此行动,它追求目标和意向,它通报——偶尔——做事理由,它就像其他行动者那样也承担责任。这些随意的解决办法真的有说服力吗?这里不可以去除差异吗?这一差异对于恰当理解责任是极其重要的。如果我们让有责任能力的人去承担责任,在我们看来他的行动方式是最不道德的,这无异于是说有说服力的道德理由反对对这些行动方式的容忍,那么我们可以谴责他,要求他给出理由,如果不给,我们也许会很失望,也许会长久地反感这人,因为作为道德人(moralische Wesen)会有相应的情感和态度。作为有理性道德的行动者,我们应该清楚的是,一个公司道德反应的态度与情感相比之下不是恰当的。如果有人得到公司或者别的团体的报道，他并不认识公司发起人但能评价他，于是这人就以此替代性地批评"公司"。这些批评最终是指向个人的，也就是这个人对有关决策负责；他在这种情况下必须要为他的决定辩护，这些人是在制度组织框架下被迫认为公司权利和义务的代表和成员。他不是作为私人，可能私下里不接受有关公司代表的身份，但是基于他的任务，在企业内"被强迫"做出这个决定，他也许会这样说。那对这人的批评是多余的吗？作为公司制度组织的当事人，他能免于罪过和责任吗？集体主义的方案或多或少明确地倾向于这种解释。在我看来，这是一个从困境里错误选择的逃生路线，个体责任的细致分析要在法团行动的语境里进行。

如果我们梳理法团责任的分析，法团（或者一般地说，集体的）责任的疑难（Aporien），是可以消除的。法团成员在正常条件下组成了一个合作共同体（Kooperationsgemeinschaft），也即单个法团成员有意向和其他人合作，他期望别的合作成员也想合作，并通过分享目标加强团结达成合作。激进的个体化（Individualisierung）或者原子化策略（Atomisierungsstrategien）仅仅设置了竞争和绩效刺激（Leistungsanreiz），必然会在公司现实的交往状况中失败，许多经验调查和具体个案研究也都证实了这点。无疑多种绩效可以激励雇员，中断公司日常议程。然而激励不能替代内在动力，首先竞争推动的激励系统迅速陷入了与合作推进的行动条件相反的境地。跨文化研究表明，在刚刚加入新教（Protestantismus）特别是清教（Puritanismus）的文化因素里，如工业和市场经济社会秩序受到了影响，流行的经济学激励系统会在更大程度上导致生产性降低。传统的命令指导式工作在具有较低社会地位的特征环境里是有效的；在现代社会里建立的是完全不同的工作激励，例如互惠和忠诚关系，但也有恭顺和扶持关系。如果一个社会里荣誉和荣誉感发挥中心性的激励作用，那么命令许可（Weisungsbefugnis）和命令委派（Weisungsunterstellung）的正式系统从来不会有效，也即它们和这些职责的传统范畴相冲突。如果人们单独地将他接到一个命令的事实视为侮辱，这就和奴隶地位联系了起来——就像早期的蓄奴社会，如美国南部看起来完全是个典型——那么激励系统很少能够克服这一矛盾。双方承认是自由的——只是以含蓄的方式放弃口头命令——是法团里合作关系的基础。同期资本主义市场经济与传统价值、规范和互动模型相融合，构成了不同的形式，为此提供了有趣的直观材料。

具体法团合作的动机背景是怎样的呢？它在这一概念上阻止了每个个人和局部经济最优化的重构[1]。单个行动者被激发起来做事或者搁置不做，是因为他将其行为视为集体行动的一部分；它的成功依赖于许多人尽可能地充分参与，似乎每人单个的行动贡献份额对于成功最终是无关紧要的，就像我们上面已经讨论的，这改变不了作此理解的合作去除每个限制也是理性的。是否激励背景在西方意义上是友谊，或者荣誉关系内的忍耐，或者在权威关系内的忠诚等，是完全无关紧要的，本质性的是每个态度都是合作行动动机的基础。我有个理由如此行动，因为我相比于别人应该如此（荣誉关系），或者因为我尊敬他（权威关系），因为我和他合得来……单个人以有关方式行动，承担合作行动的份额，通常不是期望有关"价值"比如友谊、荣誉、忠诚得到最优化或者只是被要求合作，更多因为基于有关"价值"他将这些看成是有根据的。我做这些是因为我和相关的人合得来，不是为了提升友谊或者避免伤害。这个——后果主义的——对行动动机的转译导致系统性的混乱，错误地认识了当事人生活世界给定的动机状况。这澄清了在管理实践里**激励策略**

---

[1] 参看第五章。

(incentive strategies)失败的很大一部分原因,因为提供激励也包含了这样的信息,就是准备提供激励的人似乎认为,对利益的期待构成真正的行动动机,它至少引起了疏离,尽管不是从冒犯延伸到对自己自尊心的损害。甚至极端负面的刺激导致系统出现失灵,就像在蓄奴社会或者苏联古拉格系统(GULAG-System)[1]到斯大林时期,正如苏联古拉格的犯人没有理由和集中营监工合作,或者对他忠诚,但并不能经受住惩罚威胁(消极刺激,这里免除惩罚描述了期望服从行为的相应好处)。毋宁说发展出策略,制造趋向合作的(或者期望服从的)外部假象,实际上所有可能性都会用上,阻挠所希望的合作实践的成功。研究表明,苏联的古拉格系统,如近代早期奴隶制经济在更高程度上是不起作用的。一些研究表示,美国奴隶制的废除被解释为在此背景下首先是宏观经济的激励。古拉格系统看起来似乎是为了发展斯大林主义的经济,它的存在或是因为犯人的悲惨遭遇,比如食物、衣服和住宿,都需要贴补。从小说里看,人们通常不是经济人(homines oeconomici),也没有制度。个人任何时候本质上

---

[1] 古拉格群岛是苏联劳动集中营所在地,古拉格(GULAG)是劳动改造营管理局的缩写。苏联作家索尔仁尼琴著名的作品《古拉格群岛》,讲述了苏联奴隶劳动改造等故事。现实中并没有这个名称,它用来比喻某种束缚和压迫人的黑暗体制。——译注

第十六章 法团责任

是经济人，会从局部各自优化自己的幸福；根据这一原因来看是失败的说法，错误的人类学导致了合作关系的破裂。

在合作中的行动——无论如何是其重大部分——被当作是合作行动。合作可以成功，只要它的成员准备好了合作行为，也被合作所激发。准备合作的深入的动机背景是不同的，但不会改变这一发现。合作"登台"（agieren）本质上基于它的成员的每个个体合作行为。**法团责任**在法团为了它的"决策"[1]负责的意义上并不存在。如果出自合作的"行为"能够将其作为合作行为进行理解，那么法团"责任"在合作责任的术语里应该得到重构。合作责任是什么，我们在前面已经试图去阐明，它在任何时候都是一个个体责任，是个体行动者要承担的责任，是他合作的行动动机。

如果我们可以假定，法团通过它的成员的每个个体达成合作，因此也才有了"行动能力"，那么它的责任根据上述分析的合作责任可以分割给合作的参与者，也即在极端情况下分给所有的法团成员。这样就像每个单个的人参与了合作，在成功情况下也承担了个体责任，法团成员在这种情况下也

---

[1] 我用这个概念，对人们即个体行动者都是常见的，只要对于法团是可以应用的，用引号是为了警告不要轻率地滥用。法团在通常意义上不是行动者，它不会行动或者决策，也没有感觉和意识。道德态度对法团来说是不恰当的。法团没有动机相信或者行动，也没有心理属性，因此不是有责任的行动者。无论如何这是我们的论题，我们必须留心不会已经通过草率的用词否决了它。

要为法团"决策"承担每个个体责任。我们将法团责任转化到合作责任里，然后使得集体的行动者、决策和责任成为多余，因为它被转化到了每个个体（合作）决策、行动和责任。这个神秘化消失了。

伴随法团责任向合作责任的转化，自然绝不是说每个个体责任对法团"行为"是一样大的，所有法团成员基本上无论如何要承担连带责任。为了澄清这样的问题，需要对于每个个案做详细分析。出自法团成员的合作通常根据共同目标的知识和共同工作的规则而行。粗略地看，成员对法团根本性的理解属于共同认识，虽然不仅在微弱的意义上每个人都知道它，而且在较强的意义上每个人都知道它，并且还知道别人知道他知道它。基于法团每个成员的这种共同认识，如果他自己并未参与法团决策，必须——理性地——预料到法团决策，因此产生了一个个体责任，这一个体责任会作为合作责任进行重构。我是广泛合作关系模型的一部分，我赞同和支持单个行动者以此方式做出法团"决策"，因此也能（在一定范围内）对此负责。我作为法团成员对共同认识的依据承担连带责任。个体连带责任符合合作责任的概况，因为我对法团关系网络的参与部分建立在分割的意向和合作行动动机上。

法团"决策"和"行动"固然是可以设想的，但并未生成法团成员的每个个体连带责任。根据法团成员的共同认识和共同合作意愿，它并非可以预料到的，也不能转化为包含了所有法团成员的合作责任模式。此种情况下，单个法团成员大概得以开脱，他不承担个体（合作的）责任。单个人被追究责任，必须要根据他（相对于法团其他成员）和外部条件（相对于更广泛的社会）为其决策提供合理证明。缩小法团内负责人的圈子，并商定需要特别批评或负责的事宜，是偏离常态的；这些并不允许广泛散播的谬见出现，即个人行为在流行意见以及可以信任的目标和规则框架下，可以随意处置每个个人责任。单个人行动是在目标和规则的认识和合作意向下发生的，他承认这些目标和规则，他想要为他的行为做出合作上的贡献，这就是每个个体责任。并非偏离标准产生了责任——这带来一个特殊责任，也限制到了专门个人范围，可能也是突出责任——毋宁是每个个人根据自己贡献份额的相关性，承担合作行为的责任部分。[1]

法团责任可以通过社区教育、共同实践传统和家庭成员感情结成确定的群体得以提升，但是它并不依赖于此。诸如

---

[1] 正如上述显示，这一相关性并未详尽地通过每个行动贡献值的因果性作用得以明确。

拉伊莫·图奥梅拉[1]所谓的"群体伦理"(group ethos),是他出自社会合作行为的概念,以所谓"群体伦理"为根据的是他所谓的"我们意图"(we-intentions),这是根本性的。这对我们的方法是无效的。依我看来,如果想要理解结构性理性的方案,这是我们必须注意的相当根本的一点。社会行为和合作实践的社群主义(kommunitaristisch)指向的方案引入了分析元素,它将讨论共同价值和目标的个体行动者从两难困境里摆脱出来,使得协作共同实践成为可能,并放弃先前自我导向的最优化。

合作责任的觉察不应被限制在这些——社群主义所铸就的——场合内。我们可以参与合作实践,即使我们和他人没有分享"群体伦理",没有共同实践的传统,因而坚持先前的可能的行动后果等级。囚犯的坦白会换来自由。如果其他囚犯不去坦白,他可能会期待相互合作,不供认出其他囚犯也不坦白;双方因此会短暂地被拘禁起来,而没有改变他们关于可能的决策后果的偏好。当然他们会一如既往地乐于接受较短期的关押,而非长期拘禁;他也未发生利他主义突

---

[1] 拉伊莫·图奥梅拉(Raimo Tuomela, 1940—),芬兰哲学家,研究领域包括科学哲学、行动哲学,尤其感兴趣的领域是社会行动理论,以对方法论和社会科学理论的分析见长。——译注

变，对其他人拘禁的担心促使他不去坦白。结构性理性方案同意，拥有这种动机的囚犯可以不去坦白，如此展开合作不是非理性的。矛盾的是，如果我们排除了社群主义激起的对行动目标的偏移所带来的弯路，就加深了同后果主义范式的断裂。自我导向的行动者可以没有"群体伦理"或利他主义而理性地行动，如果他合作的话。

这一结构的也即和互动场合的结构有关的个体理性，当然也未摆脱一定的超验性，违背了个人中心主义的立场。但是超验性形式完全不同，是作为利他主义或者社群主义形式。它要求，我不要将我的行动单独地视为我的后果最优化的手段，而是作为共同实践的一部分，这一部分我可以判断与我自己的利益相关。我选择单个的行动，其中寄予了我所希望的集体行动，期待别的参与者也以相同的方式积极合作，就他们而言贡献各自部分，实现共同的合作实践。合作责任的概念澄清了：我是对于我的集体实践的部分负责，对这一部分我作为参与者是有责任的——而且不只是在事实上达成集体实践，也是反事实性的，亦即如果别的潜在合作伙伴不参与，就不会导致这些实践。合作责任的概念鉴于行动期望的后果并不评价个人行动，而是准备将合作的人所计划的付诸实践。

第十七章 道德责任

这里我们对所有我们具备理由的事负责,并不能说每个责任形式都可以算作道德责任。我们承担的道德责任受到道德动机所引导,或者无论如何应该由其引导。在我们看来,规范地描述了每个责任形式,是与可被推导出来的应该定理(Sollens-Sätze)相一致的。为了与过去章节相连接,如果有最好的原因支持一个确定的科学假设,那么在此位置的科学家"应该"认识到这些原因,权衡掌握这些假设的别的反对理由。因为好的原因出于平等考虑独立于肤色、性取向和出身的解释,这一确定的感觉,就像对同性恋的反感被认为是不可接受的。谁有这样的感觉且认识到他是无根据的,也应该认识到"应该"从中摆脱自己的反感。犯过心肌梗死的人,应该注意摄取一些富含维生素的营养物质。这些例子提供了所有三种责任维度,明显规范性的表述是:我们将规范性期待与责任追究联系了起来。第一个例子里规范性期待有关于被要求的科学理性。第二个例子关于对他人感觉的恰当性,在这里看起来更有意义;这样说对同性恋的反感是不道德的,道德理由反对这样的感觉。第三个例子是有关康复期病人对健康理解的自我利益,他可以做这些或者那些,因为这是他的个人利益。有时这里道德理由会与行动理由相冲突并限制它。古典和中世纪伦理学首先忙于解决非主张态度(nicht-propositionaler Einstellungen)的恰当性问题,也即在*德性伦理学*(*Tugendethik*)的意义上。现代伦理学,特别是功利主义和康德主义(Kantianismus),发展出了恰当行为的标准,将正确感判断为一种工具性的:哪些德性提升了正确的行为?在德性与行动伦理学间的争论变得尖锐化,并在过去十年里为了回答先验认识论(*epistemischen Priorität*)问题一再被提起。我们首先有了关于什么构成了好的性格的洞见,然后从中引出正确行为所符合的信念,或者相反:可信赖的道德评价与行动有关,并从中导出,人们可以讨论有益的性格特征、态度和德性。现代行动伦理学在确定的意义上比传统伦理学更有节制,它形成了必要行为的标准,例如个人权利的信条不能伤害别人,限制了相应的个体道德责任。出于行动理论观点，态度和信念关心的并非是具体行为单独起决定作用（特别是在康德伦理学里得到了优雅的描述），它可以追溯到一个唯一的原则：应如此行动，也即你行动时所遵循的主观法则可被普遍化，你能设想和希望所有人均按类似的主观行动法则做出决策[1]。相反针对德性伦理学最强烈的异议是其废除了道德责任性，人们不能选择他的性格特征；而这正是来自于人们成长的文化环境，在孩童发展阶段受父母影响，也许还有基因的影响，无论如何它不受人的控制。人们只能在他能做出选择的选项里承担责任。在行动之间人们可以选择，因而人只是为他的行动负责，而非感觉和态度，也不为德性和性格特征承担责任。

　　从论文中我们发展出来的基本原理允许了不同的意见。恰当归因的决定标准是动机的角色，实际上在一个人的人性里有很深的固定的感觉，是不受动机影响的。喜好和愿望就属于此类，被证明对自我规范性意见是有抵抗力的。道德责任的前提在于人们能够与自己保持距离，他可以对自己的感觉和愿望发表意见，并相应地处理这些意见。但是同时情绪

---

[1] 我这里有意识地没有引用《道德形而上学的奠基》里有关绝对命令的不同措辞，而是选择了一种表达，复述了基本原理而省略了缺乏解释力和时间限制的术语。

和感觉之间有一个大的分区，它可以刺激动机，对此我们需要负责，它自身是规范性意见的一部分。在德性与行动伦理学之间的古老争论就转化到了责任概念的出发点上：审议即对动机的权衡对人类的存在发挥了哪些作用？它使主张态度，或者按照传统的表达，使基于美德的道德责任持续消隐，这在一定程度上低估了人性的价值，和人类特殊的能力不相符。

责任能力和原因以及真实原因的结合形塑了我们的生活世界理解实践[1]，这种结合防止了理性主义和还原论的错误，它防止我们尝试通过演绎系统替换论证实践的整体或者将论证活动（Begründungsspielen）的多样性简化为唯一的原则。这当然存在一个奇怪的后果：在道德和道德以外之间的界限消失了。严肃看待建立起来的论证实践就要面对信念、态度和行动原因的多样性，比如它反对自我利益和道德两个方面的二元化（Dichotomisierung），道德体现在明智和美德里。不同的表达是：原因总是规范性的，独立于涉及这些原因的信念、行动或态度。我们已经指出，责

---

[1] 实践动机被嵌入在了生活世界的交流理解实践里，详细的描述参看 JNR, *Philosophie und Lebensform*, Suhrkamp, Frankfurt am Main, 2009, S. 27—44, sowie ebd., 第十章。

任概念也是规范性的。责任追究也就是提出规范性要求,规范性来源扎根在我们所参与的论证活动里。我们是规范性社会的成员,作为这样的成员,我们不发出承诺,不接受承诺,也不将此承诺作为第三方确定下来,乍看起来就免于追究责任。承诺的言语行为是通过规范性法则引导的,只有在语言规范表达制度的背景下是可能的;不承认这种规范性的人,也不能真正地做出承诺,而只是猜测性地作为演员进行表演。人种学者想要测试一下,他现在是否理解了种族互动模式怎样发挥功能,他可能会喜欢这类表演,但不会为制度相应地承担义务。如果义务的多样性可以追溯到两个基本要素,我们会说是自我利益和关心,然后在道德与道德以外做出细致的区分恐怕是有可能的。没有这样或者类似的简化,我们就得面对不可还原的规范性制度的整个多样性,面对论证活动和责任追究,这阻碍了道德与道德外的分类。

但是相反的路,如将自我利益的概念作为基础,且将所有与自我利益有关的原因作为道德外的,所有不——仅仅——和自我利益有关的作为道德的看待,这样是不会成功的。我的自我利益所确定的——我们可以近似这样接受——符合我的幸福根据的信念,如什么构成了一个成功的生活或者"我的"成功生活，如果存在一个外部尺度，明确成功生活不依赖于我的规范意见，如关于我的寿命满意水平的积分。我也可以充满希望地限定自我利益，当然也提出了这样的问题：选择这样的尺度对我们预示着什么，经验上看并非如此，人们不会尝试最大化满意水平的积分，他会选择清楚的选项——虽然对他的满意度不是那么有帮助——将其作为其他的目标，这一目标可能会对他为人的正直、对他的生命有影响的项目发挥更大的作用。我们头脑中存在的无异于人类理性的儿童想法，并将它作为我们的自身幸福。现代社会里儿童想法得以主宰功利主义思想，最终导致一个强大范式不只是发生于经济学中，还延伸到了社会科学领域，这对我来说是科学史的一大谜团。这一思想传统的巨大而广泛的影响被埋在人类学洞见的财富里，直到今天才缓慢地赢回应得的关注。国际政治发现国家行为的价值和规范维度，认识到国家行为单纯的利益取向在外部政治中是个妄想，因为它避开了规范性面向，而这一规范性对国家"认同"作为国际行动者是起决定性作用的。神经科学研究结果有助于经济学重视人类行动动机的复杂性。理性决策论在一个前后连贯的说明中提供了概念框架，是为了整合人类行动动机的多样性，不一定要放弃正式手段，如它提供给博弈论对互动场合的分类。我们赋予自己生活意义,是通过追逐在我们看来有价值的项目;如果我们有了成功的印象,我们就满意,但是生命中所有广泛激发意义的项目,并非都让人这样满意。我们认识我们的自我利益,是为了再次应用这些有问题的概念,依赖于我们的规范性信念的是这一结果,我们认为它是重要的、有价值的和有责任的。

对于人是否有针对自身的义务这一问题的讨论,从这一点上看是多余的。作为我们生命的主人,我们对我们所做的事负有责任,我们觉察到这责任有经过我们的相应尝试以充实我们能力的丰富价值。每人为他自己的生活形态(Gestaltung)承担专门的责任,那些在清教传统中谈论义务的人,称其为"针对自身的义务"。任何时候存在一个义务感,是我们中大多数人对我们生活中心项目的分享,存在支持这些项目的原因,这构成了我们实现它的责任。如果是关于别人的利益,责任可以被晋级作为道德责任来看待,正如父母对于他们的孩子的关心意义。

人可以尝试通过责任的别的形式为道德责任划界,比如有关普遍视角和伦理学原则,以及对所有人有同等效力,带着这些——普遍主义的——对道德的确定性,这一界限问题并没有被消除。我们对亲近的人如自己的孩子、亲属和朋友有专门的道德义务，我们具备的道德义务是来自我们所理解的责任感，来自自由选择的合作关系，来自社会角色的选择等。这种特殊性是每个道德根据和每个道德责任不可或缺的组成部分，同时也各自在普遍主义的道德理解里是可累积的[1]。人对他自己的孩子、亲属和朋友这些进入合作关系的人物存有特殊责任，这不是一个理智上普遍有效的原则吗？逻辑上任意个别论证通过普遍主义道德原则得以揭示是可能的，每个普遍化的正式标准在用于区别普遍主义和特殊主义道德并不适当的范围内是失败的。道德理由和道德责任必需的普遍主义内涵只能就内容而言得到确定，是通过确定属性被作为道德不重要的予以排除的。德国基本法的第三条[2]显示法律面前人人平等得到承认，确立了男女平等原则，以及禁止任何人因性别、门第、种族、语言、籍贯和出身、信仰、宗教或政治见解、残疾受到歧视；进一步的区分体现在最近通过的平等法里。我们平等尊重他人，不依赖于其肤色、出身、性取向和性别。不存在根据阶级、种姓或者收入的不同而确立的身份地位。这是相对善

---

[1] 参看 Thomas Nagel, *Equality and Partiality*, Oxford: Oxford University Press, 1991。
[2] 德国基本法即德国宪法，于1949年通过，象征着德意志联邦共和国的成立。宪法经过多次修改，最近一次修改是在2006年。作者所说的内容出自基本法第一章基本权利（Die Grundrechte）的第三条。——译注

良、正义和依内容而立的标准,刻画了道德责任的普遍主义要素(Essentialia)。

  道德责任的特征只是就内容而言。作为道德责任的当事人,我们按**结构性理性**行动,不只鉴于我们自己的生活形态,不只鉴于那些被视为对我们自己生活形态有价值的事物,不只鉴于施加在我们生活方式上的规则,这在人际方面同样有效。我们为共同生活的人类结构献出了我们的相应一部分。我们尝试协调我们自己和他人的生活方式,每人为了自身可以追求每个个人利益,对其判断(和决策)[1]并不妨碍别人从中看到实现个人利益的机会。道德视角是对追逐个人利益的某种限制,同时也是参与者参与共同实践的视角,当事人要求施加这些限制。合作只在以下范围内才是可能的,即我要和将自我利益以及他人利益看作基础的这种观点保持足够距离,而能对共同实践贡献我的部分,所有参与者这样投入比我们最大化每个个体做得更好。在我们看来这是所有道德责任不可或缺的义务论要素,疏离自我利益,准备共同实践,坦诚的沟通澄清了共同利益和规则,了结了每个人确定应该追逐个人利益。绝对命令对于道德责任是根本性的,

---

[1] 参看第四章。

这并非在先验论和还原论的解释说明里。

在著名的演讲"以政治为业"[1]里,马克斯·韦伯区分了责任伦理和信念伦理,这一社会学的区分大概在哲学以外对伦理学思想的影响比 20 世纪所有伦理学著作都要大,特别是政治领域显示,马克斯·韦伯的责任伦理的基本要求给这个领域至今留下了深刻的印象。责任伦理的立场就其"多神论"(Polytheismus)的道德世界观、决定论(dezisionistisch)路径以及与现代理性方案的兼容性来说,这些见解对于经济学领域也有吸引力。责任伦理这里作为一个道德概念来理解,是依据于它对所有科学、经济学和官僚主义行为的影响,以及价值概念;评估意见的理性化被认为是不可能的,因而还需考虑主体决策和文化特性,但另一方面理性化的确凿尺度是在尽职行为的期望后果和副作用的范围内被认可的。信念伦理区别于责任伦理,不在于将其理解为前者是主观的、后者是客观的,而仅仅在道德责任感知的形式上。信念伦理不对他的行为所期望的后果和副作用负责,而仅仅是出于他的行为和主观评估价值的一致性。他可能要

---

[1] 韦伯非常有名的两篇演讲"以科学为业"和"以政治为业",后一篇是韦伯 1919 年于慕尼黑大学任职以后发表的有关政治的远见卓识。两篇讲演总述了现代社会的政治与学术关系,深化了诸如他所谓的信念伦理和责任伦理及其时代意涵的理解。——译注

求，他的评估措辞是客观有效的原则，但这是一个幻想。信念伦理学家寻找双重的责任开脱，一个是从自己行为的后果，一个是从自己评估意见的主体性。尤其是政治实践要求对双重责任提出看法，公开地支持这些。当然马克斯·韦伯清楚地看到，纯粹的后果道德（Folgen-Moral）即仅仅将行为指向期望的后果，缩短主体利益的后果评估，在政治上恐怕是不充分的。人们可将其带入这一形式中：完全没有道德信念，就没有绝对规范性的尺度（这里韦伯表达了对康德实践哲学的敬意），也就没有道德责任。流行的后果主义对韦伯责任伦理的简化，虽然以正确清晰的引用次序为依据，但并不符合韦伯伦理学的整体状况。责任伦理的总体概述过去以及现在都极具影响力，但这些概念的单个要素并不能汇聚成为一个严格的理论；这些概述的形式太过无可争辩，而难以本质性地形塑20世纪的哲学伦理学。韦伯将激进的主观主义和决定论（Dezisionismus），与道德真诚和政治责任联结起来，一再地向我进行挑战：人们可以读读我对后果主义（Konsequentialismus）的批评，我对稳健的伦理客观主义的概述（不含形而上学的价值实在论）；同样这一关于理性和责任关系的著作是我对广泛流传的错误观点的回复，它在马克斯·韦伯有关演讲里发现了一种独特而令人着迷的概念上的复杂性特征。[1]

文献里喜欢夹杂闭关锁国（Autarkie）[2]和自治（Autonomie），然而这种双重概念的混杂不是没有问题的。闭关锁国意味着专制统治，自治相反结构化了个人的生活方式。自治对闭关的明确量度前提，在于一方已经不能保障另一方。为了看清自治与闭关之间的区别，人们不必以康德的解释作为根据。根据自我选择的规则去行动和生活，肯定持久的动因和评价，矫正生活实践，是没有自我限制和自我选择的，任何时候所接受的限制也是不会实现自我专制（Willkür）的。原因设置了结构，形塑了生活方式，借此单个的人是可以辨认的。闭关是一种专制制度（Selbst-Herrschaft），而不是自我控制（Selbst-Beherrschung）。没有自我控制的自治也是不可能实现的，闭关的唯一规范性定位即是通向无政府主义，政治上和个体上混乱的状态，决策冷淡，合作

---

[1] 参看 Max Weber, Gesammelte Aufsätze; derselbe, Wissenschaft als Beruf, in: *Geistige Arbeit als Beruf*。在自由学生联盟前的演讲，第一讲，München/Leipzig: Duncker und Humblot, 1919。并非意外，形而上学类型的道德客观主义，如列奥·斯特劳斯（Leo Strauss）或埃里克·沃格林（Eric Voegelin）重回经典柏拉图-亚里士多德哲学例证了对马克斯·韦伯的批评，参看 Leo Strauss, *Naturrecht und Geschichte*, übersetzt von Horst Boog, Stuttgart: Koehler, 1956; Eric Voegelin, *The New Science of Politics: An Introduction*, Chigaco: University of Chigaco Press, 1952。

[2] Autarkie，被认为来源于希腊语 αὐτάρκεια，表示自给自足，又称封闭经济，用来形容一种封闭的政治经济体制。历史上多个国家都曾实行过这种体制，德国纳粹时期曾经大力推行。——译注

并不稳定，信赖缺位，最终后果导致社会关系的原子化（Atomisierung）。单个的"原子"显示没有长久的认同感，不只社会关系，还有个人关系解体。

闭关的个人共同理想在古希腊时期、意大利人文主义和欧洲启蒙运动中，缺乏结构性力量是不能实现的。一个这样的结构性力量是从一定生活的自我立法趋向自治的努力，这些法规并没有来自个体建构的特征，结构内核是规范性而非决定论式的确定：我照顾别人的利益，不是因为我决定了要去照顾，而是因为我鄙视肆无忌惮的行为。或者用另外一种构想：因为体谅在我看来是充满价值的，通过细致周到的行为设置的生活结构，揭示了确定的态度和有价值的意见，体谅为我构成了好的理由去实施行为或者搁置行为。人们应该考虑周到地行动，而主观的例子如我偏爱细致周到的行为。在这两个例子之间存在一个过渡，同时代的康德的结构主义（Konstruktivismus）[1]正属于此，以克里斯蒂娜·科尔斯戈德（Christine Korsgaard）为代表。严格规范的客观主义可能陷入与闭关理想的冲突中，斯多葛伦理学里清楚地揭示了这一冲突。同样，对于好的原因的一个客观主义解释必须要为

---

[1] 结构主义又称构成主义。结构主义本身作为一种思想潮流盛行于20世纪，后来扩展到文学、艺术、建筑、音乐等各个领域。——译注

决定、存在态度留有余地，并赋予自我生活以结构，自身一再生成实践理由。[1]理论原因和实践原因之间的差异在我看来不可或缺。自治限制了自给自足，但是留给个人有价值的意见一个空间，它不是从客观的好的原因里预先形成的，而是维持作为他的生活的责任主体。

---

[1] 参看第四章。

译后记

本书的翻译经过了漫长的筹备。我刚从北大毕业时，就接到北京大学出版社编辑的翻译邀请，并且拿到了作者的样书；但因为版权问题，直到三年以后我在德国读博期间，出版社才让我开始翻译。德国清静的工作环境使我能全身心投入到翻译当中，每天都拿出十多个小时反复斟酌字句，遇到不懂的地方还可以多次请教我在德国的几位朋友，如在洪堡大学做德语语言文学研究的张江玲博士、在哥廷根做德国哲学研究的葛志宏博士等人。这些朋友对于解决本书翻译遇到的难题出力不少，在此一并谢过。

这本书介绍了作者的两个概念，其主导思想是把接近于斯多葛主义意义上的理性结构化。这种结构性理性区别于传统的后果主义理论。作者试图解构理解人的行动的经济学思路，而更多将理性放在更大的社群当中进行分析。他指出，行动存在特定的结构。行动区别于行为，原因在于行为本身是没有经过理性审议的，因此不能明确说出行为的原因。行动代表了所接受的原因，只要行为是由原因调控的，也就具有行动特性，因此也就能为此负责。在结构性当中理解理性，也就将人群当中的合作视为理性行动。按照后果主义的理论模式，理性行为建立在个人利益最大化的基础上；而在结构性理性看来，这仅仅是一种局部理性行为，它在很多时候会妨碍人群的合作行动，比如在囚徒困境当中。行为人为了实现自己的利益最大化，也可能会出卖对方的利益，导致群体没能建立最优化的行动模式。在作者看来，合作行动是理性的，因为其所关注的是整体利益，表现在局部理性上的个体行为有可能带来群体的不理性。合作不是基于每个自我局部性最优化的利益而展开的，一个将（真正的）合作排斥为非理性的理论，是不恰当的。在结构性理性看来，交往理性是合作性的，它只是结构性理性的一个特例，交往行为遵循结构性理性路径。在结构性理性前提下，意志薄弱表现为个人不能对他的结构行动负责，因为行动本身是多重的和复杂的，在贯彻这些行动的过程中，行为人没能严格遵守行动本身的意向性安排，从而导致结构非理性。结构性理性因此更多分析了集合性的责任与决策等表现。

作者认为，他的思想更多会与亚里士多德等人的经验论一致，而不会跟柏拉图等人的先验论相同。简单而论，理念呈现的理性是静态的，而作者的结构性理性则显示出一种动态的多重关系分析。行为人本身并不能够提前知晓和确定他的行动后果，他更多是在社会行动当中多次斟酌，将行动的意图贯彻其中，并为此负责。这种结构性理性无论在个体内部的行动安排，还是在人际合作和交流行动当中，都得到展示；通过局部性行动的调整，行动者要将个体的理性嵌入到结构性理性当中，以此完成他最终的理性安排。这在更大程度上实现了理性的目的，促成了人的社会性的完成。因此行动原因的分析能够避免事先具备明确的孤立的个人意图，通过利益计算来达到个人目的，而是能够通过交往和合作，通过局部调整，完成结构性行动。

值得注意的是，作者认为他的这一去本体化的思想是与儒家精神思想相符的。作者通过承认结构性关系的存在，有意否定了本体论伦理学。个人行动原则承担了局部意义上的行动责任，这种责任只有在结构意义上进行理解才更完整，个体行动本身嵌入到了这种关系结构当中，以此完成结构性行动。这在某种程度上似乎符合儒家对礼的理解。礼本身通过某种人伦关系实现了对人的感情的引导，从而将个体纳入到家国的体系中。这里儒家也并未提供本体论上的实体，而是通过从内到外、从个体到集体的方式，保障了人伦的意义和秩序。孟德斯鸠《论法的精神》对于中国风俗的分析，有可能给予作者一定的启迪，让他关注礼的关系属性，而且礼仪本身代替单纯的个体理性，能够促成政治秩序的完善，将个体与更大意义上的集合体通过某种结构性关系连贯起来。

在本书里，作者并未详细讨论他的思路与儒家的相似之处，倒是在后半部分更多介绍了他的想法与禅宗尤其是日本禅宗思想的某些契合处。事实上这种契合性是否真的存在，是可以商榷的。作者提到，禅宗集中于每个行动，借此忘掉自我，达成可以信赖的结构性实践。他认为禅宗是通过否定自我来完成集体性的结构实践的，这符合他克服自我中心性的想法。个体自我无法建立独立的理性；某种角度来说，自我需要借助某种集体性的关联结构来理解。依据我对禅定实践的理解，这种实践本身的复杂性已经不能仅仅用结构性寻求理解，更不能仅仅通过否定自我的方式取得。禅宗对于事实与价值关系的理解，也许会有更加复杂的认识。在我看来，如何理解本体论意义上的主体，作为一个根本的问题，成为如何理解这种结构性的立足点。

翻译本书，既是对我掌握德语水平的一次挑战和提高，也是我掌握德语哲学思维的一次宝贵的机会。我在翻译当中尽量采用直译的方式,希望避免因为自己的发挥曲解了作者的原意;同时,德语的句子表达往往会显得冗长,因此我采用较为简明的中文句式表达原意。翻译是一个再次学习的机会,不过不同语言环境的差异还是会给翻译本身以及解读作者原意带来困难。希望读者如有条件,还是能够进入到德语语境里,去寻找相关感兴趣的话题。

迟 帅

2017 年 3 月

英语正音教程

燕翎 主编

北京大学出版社
PEKING UNIVERSITY PRESS

图书在版编目(CIP)数据

英语正音教程/燕翎主编.—北京：北京大学出版社，2013.9
（大学英语立体化网络化系列教材）
ISBN 978-7-301-23273-6

Ⅰ.英… Ⅱ.燕… Ⅲ.英语-正音法-高等学校-教材 Ⅳ.H311

中国版本图书馆CIP数据核字(2013)第228571号

书　　　名：	英语正音教程
著作责任者：	燕　翎　主编
责任编辑：	李　娜
标准书号：	ISBN 978-7-301-23273-6/H·3403
出版发行：	北京大学出版社
地　　　址：	北京市海淀区成府路205号　100871
网　　　址：	http://www.pup.cn　新浪官方微博:@北京大学出版社
电子信箱：	nklina@gmail.com
电　　　话：	邮购部 62752015　发行部 62750672
	编辑部 62759634　出版部 62754962
印　刷　者：	北京大学印刷厂
经　销　者：	新华书店
	787毫米×1092毫米　32开本　2.625印张　58千字
	2013年9月第1版　2013年9月第1次印刷
定　　　价：	10.00元

未经许可，不得以任何方式复制或抄袭本书之部分或全部内容。
版权所有，侵权必究
举报电话：010-62752024　　电子信箱：fd@pup.pku.edu.cn

前　言

对于世界上任何一种语言而言,语音、词汇、语法都是构成其语言体系的三大要素,英语自然也不例外。同理,无论是学习何种语言,都应当学好其语音、词汇、语法。自20世纪70年代后期的改革开放以来,英语教学与英语学习在我国取得了前所未有的飞跃式发展,教学理论与方法不断更新,每年学习英语的人数多达数亿;然而遗憾的是,英语语音的教学与学习却始终是普遍存在的一个薄弱环节,精通英语语音的专业教师也是凤毛麟角。究其原因,首先是一般英语教学理论往往忽略语音教学,没有认识到语音学习对掌握一种语言的重要性,而过分侧重词汇和语法等相关方面内容的学习;其次是我们的母语在语音方面与英语差异较大,学习者不易学习和掌握规范的英语语音;另外,我国地域广阔,各种方言与民族语言众多,因此母语的语音也是干扰英语语音学习的重要因素。如果不能很好地学习和掌握英语的语音,势必会影响英语的学习与运用能力,尤其是在很大程度上制约英语听力与口头表达的能力。毋庸置疑,英语教学与英语学习都应当高度重视语音,而培养英语教师掌握规范的英语语音对英语语音教学与语音学习具有至关重要的意义。

为了解决目前我国普通英语学习者与中小学英语教师普遍存在的英语发音不标准的问题,培养规范、标准的英语语音,提高英语教学与学习的质量和水平,北京大学外国语

学院组织英语系英语语音专家编写了《英语正音教程》，旨在为进行英语正音的学习与教学提供标准，为大规模地推进英语正音教学与英语语音学习奠定具有权威性和实用性的技术基础。

《英语正音教程》广泛适用于各个层次的普通英语学习者以及中小学英语教师，其显著特征是改变了传统的英语语音教学方法，彻底解决了语音教学缺乏实用标准、艰难枯燥、容易反复出错等普遍问题，使英语语音教学与学习可以循规蹈矩，方便灵活，而且趣味横生，事半功倍。本教程的内容涵盖了英语语音学的基本要素，以基础理论为指导，由英语系英语语音专家讲解发音要领，辅助学习者进行有效的学习和练习。

编　者

2013年9月

目 录

第一章　元音 (Vowels) ································ 1

第二章　辅音 (Consonants) ························ 28

第三章　连读 (Sound Linking) ··················· 41

第四章　不完全爆破 (Incomplete Plosion) ········ 46

第五章　元音的长度 (Length of Vowels)············ 54

第六章　重读与非重读 (Stress and Unstress) ······ 57

第七章　弱读式 (Weak Forms)······················ 63

第八章　语调（Intonation） ························ 68

第九章　节奏（Rhythm） ···························· 73

第一章 元音(Vowels)

一、前元音 /iː/、/ɪ/、/e/、/æ/

前元音的特点

前元音发音时,舌头抬高(可以理解为用力)的部位都在舌前部。但四个前元音之间的舌高部位和口型还有很大差别。

> **温馨小贴士:**
> 要发准每个音,做对比练习是一个好办法。

1. 区分 /iː/ 和 /ɪ/:不仅仅是长短的差别。

发音要领

发 /iː/ 时,嘴角要向两边撑开,嘴唇扁平,上下齿缝间留一个火柴棍大小就可以了,舌尖顶在下齿背中部。而 /ɪ/ 的舌尖要向下移一点,上下齿缝间要有一个小指尖大小,体会比 /iː/ 更"放松"的感觉。/ɪ/ 比汉语的"衣"齿间更加开放,舌位更加靠后。

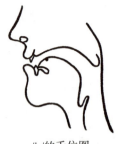 /iː/的舌位图   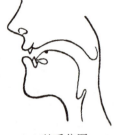 /ɪ/的舌位图

小窍门：
发/ɪ/时口腔内要大胆放松，才能改掉老毛病。

对比找不同

朗读下列单词：

it—eat   dip—deep
bin—bean   fill—feel
sick—seek   bit—beat
wick—week   still—steal

连贯起来读

six weeks
a big piece
each ticket
three minutes
with a bit of cheese
see if it's interesting

第一章 元音 (Vowels)

He didn't eat dinner in the kitchen.
She is still on the beach.
Listen and imitate the English teacher.
He killed himself with sleeping pills.

常见错误

/ɪ/发得太紧、太靠前,与/i:/无法区分。
请与正确读法做对比:

six weeks
a big piece
each ticket
three minutes
He didn't eat dinner in the kitchen.

绕口令

Tim's twin sisters sing tongue twisters.
A busy bee begins a busy day.
Victor quickly greets me with three pieces of clean cheese.

2. 区分/e/和/æ/:注意口型的大小差别很大。

发音要领

/e/的口型上下齿之间容一个食指,而/æ/要有食指和中指加在一起的大小。

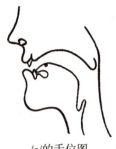 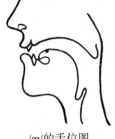

/e/的舌位图　　　　/æ/的舌位图

小窍门:

/e/和/æ/的区别还可以体现在舌位的前后,发/e/时舌位尽量向前挤,而发/æ/时要后撤一点,用力撑开上下颚,太靠前会把/æ/发得过于干瘪,不饱满。试一试,你会发现这两个音还是很容易区别的。

对比找不同

朗读下列单词:

bed—bad　　　　beg—bag
set—sat　　　　head—had
end—and　　　　men—man
guess—gas　　　ten—tan

连贯起来读

the next program
back in the cellar

第一章 元音 (Vowels)

get a handkerchief
have an electric cooker
never forget her handbag
When did that happen?

Don't let the cat out of the bag.
Many sands will sink a ship.
Put your left hand on the desk.
Sand is a kind of dead matter.

常见错误

请与正确读法做对比。

/e/口型过大：the next program
　　　　　　back in the cellar
/e/有滑动,类似双元音：the next program
　　　　　　　　　　back in the cellar
/æ/口型过小：never forget her handbag
　　　　　　When did that happen?
/æ/有滑动：never forget her handbag
　　　　　　When did that happen?

绕口令

A fat cat is catching a fat rat.
There is a red hat on his black bed.

3. 区分 /ɪ/ 和 /e/

发音要领

舌位相近,口型大小是小指尖和食指的区别。

> **小窍门:**
> /ɪ/ 的感觉很放松;而 /e/ 应该是很紧张的,舌前部用力向前顶,控制住口型不要太大。

对比找不同

朗读下列单词:

hid—head   till—tell
lift—left   chick—check
bitter—better   wither—weather

连贯起来读

help himself
every minute
six pencils
very little medicine
anything else
the west wind
The bell is ringing.

第一章 元音 (Vowels)

The children didn't get any milk.

The fish in the hotel restaurant is especially fresh.

绕口令

Good, better, best. Never let it rest. Till good is better, and better best.

二、后元音 /ɑ:/, /ɒ/, /ɔ:/, /ʊ/, /u:/

后元音的特点

后元音发音时,舌头抬高(可以理解为用力)的部位都在舌后部。要注意同汉语里近似音的区别,尽量"靠后"。

小窍门:

尤其是/ɑ:/和/ɔ:/两个音,要想改掉汉语腔,怎样"靠后"都不过分。

 1. 区分/ɒ/和/ɔ:/

发音要领

舌身都要后缩,但/ɔ:/口型更圆,收得小一些,齿间距离也比/ɒ/小。

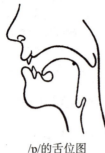

/ɒ/的舌位图　　　　　　/ɔː/的舌位图

对比找不同

朗读下列单词：

shot—short　　　　god—lord
mock—morn　　　　rock—roared
what—ward　　　　fox—forks

连贯起来读

long walks, small rockets, warm socks
more coffee, four dollars
a short holiday, on a board
opposite the store, stop the war
lost the records, saw the officer
bought some oranges
call the doctor, all the colonists
of course not, a lot of corn
a hot morning in August

第一章 元音 (Vowels)

常见错误

请与正确读法做对比。

/ɔː/的口型过大：short
　　　　　　　lord

/ɔː/舌位太靠前：ward
　　　　　　　forks

/ɔː/有滑动，类似双元音：short
　　　　　　　　　　　Lord
　　　　　　　　　　　forks

/ɒ/有滑动，类似双元音：shot
　　　　　　　　　　　god
　　　　　　　　　　　mock

2. 区分/ʊ/和/uː/：

发音要领

首先这两个音比汉语的"乌"音舌位更低更靠前，开口略大，圆唇程度略小。/ʊ/和/uː/相比，前者唇型和舌位都较"放松"。

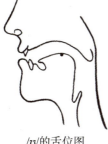
/ʊ/的舌位图

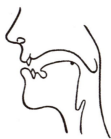
/uː/的舌位图

> **小窍门：**
> 发/ʊ/时一定要体会舌头放松的感觉，而/u:/要把音向前送，而不是像汉语的"乌"一样缩在后面。对比一下 good 和"故的"，food 和"副的"，体会一下不同。

对比找不同

朗读下列单词：

cook—coop　　　　put—pool
full—fool　　　　　pull—pool
foot—food　　　　should—shoot
book—boot

连贯起来读

good food, wooden shoes, could prove, too full
would move soon, a human foot
a new cooker, a useful book
a stupid woman, do you good
knew the butcher, took the broom
pull a tooth, put sugar in the juice

常见错误

请与正确读法做对比。
/ʊ/和/u:/都与汉语中类似的音混淆：good food

第一章 元音 (Vowels)

could move
you

绕口令

A big foot stood on a good cookbook.
The cook stood on one foot and cooks some good food.
Let's choose a good-looking goose.

3. 区分 /ɑ: / 和汉语的"阿":

发音要领

前者比后者开口要大,唇型自然张开,舌头用力部位要尽量靠后。

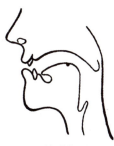

/ɑ:/ 的舌位图

三、中元音 /ʌ/, /ɜː/, /ə/

中元音的特点

中元音发音时,舌头抬高(可以理解为用力)的部位在舌中部。

> **小窍门:**
> 中元音都是相对比较省力的,口型、舌头要放松。

1. 区分 /ɜː/ 和 /ə/:

发音要领

除了长短的区别,注意 /ɜː/ 开口稍大一些,唇型略扁一些;而短音 /ə/ 是英语元音中最"省力"的音,在语流中是从来不重读的。

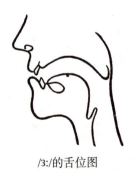

/ɜː/ 的舌位图　　　　　/ə/ 的舌位图

第一章 元音 (Vowels)

> **小窍门：**
> 发/ɜ:/时嘴角可以呈微笑状；而/ə/因为从不重读，给单词标音时注意不要把重音符号点在它上面。

对比找不同

朗读下列单词：

alert	advertisement
circumstance	circus
concern	conservative
curtain	a girlfriend
interpreter	merchant
nervous	personal
surgery	

连贯起来读

Please return the journal I gave you on Thursday.
I prefer to have my birthday party at home.
The police searched further for the murder weapon.
Dirk burst into angry words.

2. 区分/en/和/ʌn/

发音要领

中国学生对于/e/和/ʌ/后面跟鼻音/n/的情况容易混淆。

注意前元音和中元音的区别。

> **小窍门：**
> 发前元音/en/时要用力靠前，而/ʌn/要注意"收敛"的感觉。

对比找不同

朗读下列单词：

den—done   pen—pun
when—won   bent—bun
lend—lunch   meant—month
many—money   sent—son

连贯起来读

one sentence, ten months, the front end, a hundred hens
a wonderful invention, under the tent
Mondays and Wednesdays
mentioned it once, my uncle entered
the French people won
none of the men, lent him a gun
spent Sunday in London
went to the country, he sent his son, when it was done
had lunch with a friend
run to the general stores
the center of the sun

第一章 元音 (Vowels)

Well begun, well done.
I saw some men with guns, so let's run!

常见错误

请与正确读法做对比。

把/en/发得过于松弛，与/ʌn/混淆：one sentence
the front end
a wonderful invention
under the tent

3. 区分/ɑ:/和/ʌ/：

发音要领

后者开口要小得多，舌位稍靠前，处于舌中部。

/ʌ/的舌位图

小窍门：

/ʌ/发音时口型和舌位要放松收敛，而/ɑ:/要用力靠后，上下腭撑开。

对比找不同

朗读下列单词：

come—calm
cud—card
mother—father
stutter—starter

much—march
sudden—garden
putty—party

连贯起来读

one card, some parts, much carbon, enough starch, such cars, large clubs, become sharp, doesn't harden
touch the parchment
run to the farm, accompany the farmer, hurry to the party
must start the discussion
suffer from heart trouble
apart from the husk
The cargo was untouched.

常见错误

请与正确读法做对比。

/ʌ/和/ɑ:/都同汉语的"阿"混淆：one card
some parts
such cars
become sharp

第一章 元音 (Vowels)

绕口令

Double bubble gum bubbles double.
Never trouble troubles until troubles trouble you.

双元音的特点

英语中的8个双元音都是由两个元音音素组成的,发音时一定要注意从第一个音素到第二个音素的滑动过程,才能把双元音发得圆满清晰。

> **温馨小贴士:**
> 注意区分双元音和单元音的差别,尤其是几个中国学生容易混淆的音。

1. 区分 /æ/ 与 /aɪ/:

发音要领

/æ/要用力撑开上下腭,从头到尾固定住口型舌位,不要滑动;而/aɪ/的起始位置要靠后,口型要注意收敛。

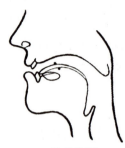

/aɪ/的舌位图

小窍门：
要改掉老毛病，/aɪ/的起始舌位怎样靠后都不过分；开始练习时把滑动的过程延长再延长！

对比找不同

朗读下列单词：

lack—like   bad—bide
mat—might   fan—fine
have—hive   pal—pile
lamb—lime   hand—hind

连贯起来读

traffic lights, Saturday night, buy stamps, a fine family
an exciting match, the price of tobacco
the light of the lamp
five camels carrying rice
I like the Spanish language.

第一章 元音 (Vowels)

Finally she began to cry.
The child ran half a mile.
He might catch the blind man.
She tried to hide her hands behind her back.

常见错误

请与正确读法做对比。

/æ/发得过于松弛并有滑动：traffic lights
　　　　　　　　　　　　Saturday night
　　　　　　　　　　　　five camels carrying rice
/aɪ/的起始位置过于靠前：traffic lights
　　　　　　　　　　　　five camels carrying rice

2. /e/与/eɪ/：

发音要领

发/e/要控制口型不要太大，舌位尽量靠前，固定住口型舌位直到音的结尾不要滑动。/eɪ/的起始位置要同/e/一样。

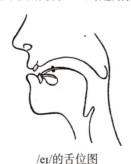

/eɪ/的舌位图

小窍门：

练习发/eɪ/要把从/e/到/ɪ/的滑动尽量延长，把/e/发得清楚到位后再向/ɪ/滑动。

对比找不同

朗读下列单词：

led—laid	bread—braid
ten—attain	held—hailed
ready—radio	get—gate
met—mate	bell—bail
fell—fail	sell—sail
shell—shale	tell—tail
well—whale	jell—jail
men—main	rent—rain
when—wane	sent—saint
trend—trained	pent—paint
attend—attained	remember—remainder

连贯起来读

very brave, any day, in many ways, the next page

sell the grain, guess the name

never late for breakfast, take some bread

break the leg, stay in the center

a ready-made dress, forget the date

make your bed

第一章 元音 (Vowels)

It's already raining.
When the cat is away, the mice will play.
A good name is better than a good face.

绕口令

The rain in Spain stays mainly on the plain.
Blake held eighty-eight eggs at the gate of the plane.

3. /iː/ 与 /eɪ/：

发音要领

/eɪ/的起始位置是/e/，与/iː/有很大不同，请参考单元音/e/和/iː/的发音要领。

对比找不同

朗读下列单词：

bean—pain   mean—main
lean—lane   read—raid
weak—wake   sheep—shape
greet—great   real—rail
field—failed

连贯起来读

Please explain the meaning.
grey or green

the main media
a straight street
reach the age of eighteen
seem the same

常见错误

请与正确读法做对比。

当/eɪ/后面跟着鼻音/n/时，/e/的口型还没有打开到位就过早滑向/ɪn/: rain
　　　　　　　　raincoat

4. /ɔː/与/aʊ/:

发音要领

注意双元音/aʊ/的起始位置/a/要比/ɔː/口型更加开放；而/ɔː/要尽量靠后，口型圆得很小。

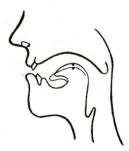

/aʊ/的舌位图

第一章 元音 (Vowels)

> **小窍门：**
> /aʊ/结束在/ʊ/音上，所以注意口型从开放到收拢的变化，尤其是/aʊ/后面跟鼻音/n/的时候，结尾一定要发好圆唇音加鼻音/ʊn/。初练习时把滑动过程尽量延长！

对比找不同

朗读下列单词：

dawn—down   horse—house
lord—loud   torn—town
brawn—brown   claw—cloud
faun—found   porn—pound

连贯起来读

four hours, always arouse, war clouds, all sorts of sounds
the hall of the house, ought to allow, bought a pound
saw a thousand, can't afford flowers, fall to the ground
pour out some powder
born in a small town, our organ
how many horses, found the forks
now in Norway
about the broadcast, out of the ordinary
an outing in August
the amount of salt

常见错误

请与正确读法做对比。

当 /ɔː/ 处于单词开头时,不能固定口型舌位而发生滑动,发出类似 /aʊ/ 的音:also

always

/aʊ/ 后面跟鼻音 /n/ 的时候,未能把双元音的滑动做圆满:down

    sit down

    round

    found

5. /ɔː/ 与 /əʊ/:

发音要领

单元音 /ɔː/ 要保持口型舌位始终如一;而双元音 /əʊ/ 的起始位置 /ə/ 可以靠前一点,嘴角可以稍裂开,注意向 /ʊ/ 的滑动。

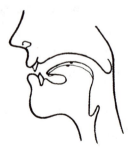

/əʊ/ 的舌位图

第一章 元音 (Vowels)

对比找不同

朗读下列单词：

born—bone corn—cone
cord—cold form—foam
hall—hole pause—pose
walk—woke

连贯起来读

all alone, brought home, the fourth row
bought a boat, caught a cold
born in Rome, walk along the road
before you know, a lower score
a broken board, open in August
snow in the north
hold the horse
wrote more poetry

6. 注意中国学生容易发错的四个双元音：/ɪə/, /eə/, /ʊə/, /ɔɪ/。

发音要领

把开头的音素 /ɪ/, /e/, /ʊ/ 和 /ɔ/ 按发单元音的要领发正确，就可以大大减少失误。

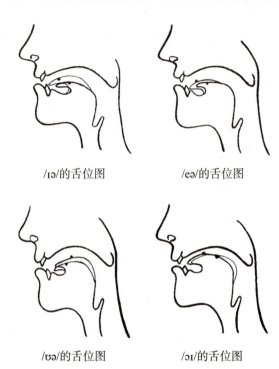

/ɪə/的舌位图　　/eə/的舌位图

/ʊə/的舌位图　　/ɔɪ/的舌位图

对比找不同

朗读下列单词和短语：

here and there, really fair, near the chair, their theater, fairly clear, never dared appear, could barely hear, where's the bear

cruel, curious, during, ensure, European, February, influence, insurance, January, poor, tourist

annoyance, appointment, avoid, boy, choice, coin, enjoy, noisily, oil, point, voice, voyage

第一章 元音 (Vowels)

常见错误

请与正确读法做对比。

双元音开头的音素未能发到位：

> here
> there
> cruel
> boy

第二章 辅音 (Consonants)

一、7类辅音

爆破音:/p/,/b/,/t/,/d/,/k/,/g/
摩擦音:/f/,/v/,/s/,/z/,/θ/,/ð/,/ʃ/,/ʒ/
破擦音(又称塞擦音): /tʃ/,/dʒ/,/ts/,/dz/
舌侧音(又称旁流音):/l/
鼻音:/m/,/n/,/ŋ/
半元音:/j/,/w/,/r/
送气音:/h/

> **温馨小贴士：**
> 　　我们还是通过对比练习来区分中国学生容易混淆和发错的音,强化正确发音方法。

1. /θ/,/ð/与/d/或/z/

发音要领

/θ/和/ð/两个齿舌摩擦音的发音要领是舌尖轻抵在上下

齿缝之间,空气通过齿舌缝隙摩擦发音;/θ/是清辅音,/ð/是浊辅音。而/d/是齿龈爆破音,/z/是齿龈摩擦音,这两个音舌尖都要抵在上齿龈上。

> **小窍门:**
>
> 发/θ/和/ð/时,一定不要偷懒,要把舌尖伸出齿缝间;还要体会舌尖伸出的长短程度,找到最合适的位置。这两个音是汉语里面没有的,一定要多多练习,形成正确习惯。

对比找不同

朗读下列单词和短语:

thee—deed　　　then—den
they—day　　　 thy—die
those—dose　　 there—dare

this is, that is, there is, is this, is that, is there, does this
does that, the others, their size
these diseases, those clothes
choose them, they raise

常见错误

请与正确读法做对比。

/θ/或/ð/的舌尖未能伸出到位,与/d/混淆:this is
　　　　　　　　　　　　　　　　 that is

或与/z/混淆：there is
is this

绕口令

A thousand southerners need a thousand thermometers.
I'd rather bathe in southern sea than wear thick clothes as northerners do.
Better to know everything of something than something of everything.

2. /z/与/dz/：

发音要领

/z/是单纯的摩擦音，气流从口腔出来时不要有堵塞的动作；/dz/是塞擦音，可以理解为齿龈爆破音/d/与摩擦音/z/的结合，要发得短促，类似于汉语拼音中的z。

> **小窍门：**
> /z/是汉语普通话里没有的音，练习时可以把它延长，体会气流慢慢吐出并在齿龈舌尖摩擦的感觉；而/dz/要以气流堵塞开始，爆破的同时摩擦，要像爆破音一样短促。

第二章 辅音 (Consonants)

对比找不同

朗读下列单词：

knees—needs　　lose—lords
buzz—buds　　　cars—cards
hers—herds　　　braise—braids
rose—roads

常见错误

请与正确读法做对比。
把/z/的开头加上了气流堵塞,错发成/dz/：zest, zip, zoo

3. /l/与/n/：

发音要领

/l/是舌侧音,舌尖抵住上齿龈,让气流从舌两侧出来；/n/是舌尖齿龈鼻音,舌尖也要抵住上齿龈,但软腭要下降,让气流从鼻腔发出。

> 小窍门：
>
> 这两个音处在元音前面时,有些中国学生容易混淆。做区分练习时可以把这两个辅音加重、加长,再带上后面的元音。这种错误一般是学习者自己的方言习惯造成的,可以结合普通话的训练——说普通话时如果能够区分了,说英语时也就容易区分了。

对比找不同

朗读下列单词：

life—knife   low—know
lot—not   look—nook
loon—noon   let—net
leer—near   lead—need
lame—name

连贯起来读

not long, a light knock, the next lesson, lost the knob
noted the load, never ate liver, need a leader
live a normal life
learn from the nurse, neither early nor late
none had lunch
nine lions, like the night, allow it now, name the lake

常见错误

请与正确读法做对比。

/n/错发成/l/：not long
　　　　　　　a light knock
/l/错发成/n/：the next lesson
　　　　　　　lost the knob
　　　　　　　a light knock

第二章 辅音 (Consonants)

绕口令

Ned needed to name no new names.
A sailor loves to travel all over the world.

4. 在音节末尾的 /l/:

发音要领

这个/l/称为含糊/l/,相比在元音前面的清晰/l/,这个音舌尖稍后移,同时舌后部抬向软腭,舌中部下陷,整个舌体呈马鞍形,比清晰/l/更用力。

> **小窍门:**
> 在发这个音时舌后部一定要用力抬起,舌尖也抬起顶住齿龈靠后位置,也不要用圆唇来代替抬舌,唇部是放松的。

对比找不同

朗读下列单词:

label—labor	saddle—sadder
awful—offer	eagle—eager
sickle—sicker	formal—former
final—finer	temple—temper
settle—setter	

常见错误

请与正确读法做对比。

抬舌不够主动、用力,或几乎没有抬舌动作:
deal, pill, hotel

请听正确的读音:

deal, pill, hotel, all , full, cool, girl, pale, mile, soil, bowl
material, cruel, Carl, jewel, until, while
build, film, milk, health, shelf, twelve, adult, world, child

绕口令

A little pill may well cure a great ill.

5. /n/与/ŋ/:

发音要领

/n/是舌尖齿龈鼻音(俗称前鼻音),要把舌尖前伸抵住上齿龈;/ŋ/是舌后软腭鼻音(俗称后鼻音),要把舌后部抬高抵住软腭。

> **小窍门:**
> 这两个音处在元音后面时,有些学生容易混淆。做区分练习时可以把这两个辅音加重、加长,以找到清晰准确的感觉。这种错误一般也是学习者自己的方言习惯造成的,可以结合普通话

第二章 辅音 (Consonants)

的训练——说普通话时如果能够区分了,说英语时也就容易区分了。

对比找不同

朗读下列单词:

sin—sing   thin—thing
win—wing   fan—fang
ban—bang   hand—hanged
than—thank   done—dung
gone—gong   ton—tongue
hundred—hungry in—ink

常见错误

请与正确读法做对比。
/n/读成了/ŋ/: country
　　　　　　 hundred
/ŋ/读成了/n/: ink
　　　　　　 singing

6. /w/与/v/:

发音要领

/w/是半元音,发音方法和部位同/u:/,要把双唇圆起来,但非常短促,很快滑动到后面的元音去;/v/是唇齿摩擦音,上齿要与下唇摩擦。

对比找不同

朗读下列单词：

wheel—veal　　　　went—vent
wax—vex　　　　　wail—veil
wine—vine　　　　　wow—vow

连贯起来读

very well

every week

one venture

the villager's wish

will be visible, want variety

advise their wives

wash the vegetables

behave that way

the vicar would visit

The vessel went west.

Those words were verbs.

常见错误

请与正确读法做对比。

/v/读成了/w/：very well

/w/读成了/v/：every week

　　　　　　　the villager's wish

　　　　　　　will be visible

第二章 辅音 (Consonants)

绕口令

William washed all the wheels and works of his white watch.

A very fine field of wheat is a field of very fine wheat.

7. /r/与/ʒ/：

发音要领

/r/要求舌前部卷起,舌尖靠近上齿龈和硬腭结合部,但千万不要碰到那里,否则会发出类似/l/的音,双唇略收圆;而/ʒ/要求舌身向上抬,舌前部靠近上齿龈和硬腭结合部,同汉语拼音中的r相似,但双唇向前突出,唇型比拼音的r夸张。

对比找不同

朗读下列单词：

rapid, read, ramp, written, red, roar, rear, rare, wrong, risk, road, river, raise, right, rouse, royal

television, confusion, decision, garage, measure, occasionally, pleasure, usually, casually

连贯起来读

Cross the street when the light is green.

Black ravens are on the green grass in the Tower of London.

Ron wrote to Ruth about the car races.

Rebecca is terribly worried about Roy's rifle.
Rose ran rapidly across the road.

常见错误

请与正确读法做对比。

/r/舌尖碰到了上腭，与/l/混淆：Ron wrote to Ruth about the car races.

或/r/舌前部与上腭之间空气摩擦，与汉语拼音的 r 混淆：rapid
　　read
　　rose

二、辅音群

辅音群的特点

英语单词中有时会有两三个甚至四个辅音连在一起的现象，发音时注意只有最后一个辅音比较用力、清晰，前面无论几个，都要快速、轻巧、连贯地滑过，两个辅音之间不要留空隙，也不要加入元音，以免听起来像在说汉语。

发音要领

跟在/s/后面的送气爆破音/p/、/t/、/k/一般习惯读成不送气，听上去与相应的浊辅音类似。

第二章 辅音 (Consonants)

对比找不同

朗读下列单词：

stand, start, stay, steel, still, stop, story, study, student

Spain, Spanish, speak, special, spell, spend, spirit, spot

school, Scottish, skill, skirt, sky, discuss

expect, expectation, expend, expensive, expense

experience, experiment, experimental, expert

expire, expose, exposure, express, expressive, expression

extend, extension

exclusion, exclude, exclusive

slave, sleep, sleeve, slogan, slow

small, smash, smell, smile, smoke

snack, snake, snap, snatch, snow

swam, sway, sweep, sweet, swell, swing

bring, bright, break, bright, brown

increase, crop, cry, crowd

friend, from, front, Friday

green, grandmother, group, grain, ground

prefer, problem, prove, price, program

three, threaten, through, throw

blade, bloom, blush, blind, blood

clock, claim, clothes, cloud, club

flee, fly, flight, flower

glass, glow, glad

play, pleasant, please, asleep, sligh

常见错误

请与正确读法做对比。

辅音群的前几个辅音发得过重,或是辅音之间夹杂了元音/ə/,有明显的汉语味道:

stand

school

expect

bring

green

group

blade

clock

glass

play

第三章 连读 (Sound Linking)

 连读的概念

在日常说话或朗读时,如果没有特殊的加重语气、故意放缓语速、停顿等,英语各个音之间应该是连贯、流畅、没有空隙的,无论这些音是在同一单词里,还是跨越两个单词之间。这就是连读的概念。

> **温馨小贴士**
> 连读是英语连贯语流的基本特征之一,也是中国学生的学习难点之一。

 连读的分类

连读有三种基本形式。

一 当一个辅音后面跟着一个元音时

> **温馨小贴士:**
> 可以将第一个单词的结尾辅音和第二个单词的开头元音看成一个音节,连贯读下来。

对比找不同

请大家先分开读,再试着连起来读,开始练连读时可以慢一点,熟练了再尝试自然的语速。

朗读下列短语和句子:

look up, drive away, checked in, goes on, even if
on a, in a, was a, can avoid, make it, attend it
tell us, produce oxygen
numbers of, one of, none of, much of, capable of, full of
some advantages, nine o'clock, half asleep
quite impossible, almost unconsciously
thought about it, as if aroused
It isn't attractive at all.
She told us an interesting story.
She has her hat and coat on, and is just about to go.
He runs straight out of the house.

二、当两个元音连在一起时

温馨小贴士:
特别注意两个元音之间的连贯要圆滑自然,不要停顿。

第三章 连读 (Sound Linking)

对比找不同

请大家先分开读,再试着连起来读,开始练连读时可以慢一点,熟练了再尝试自然的语速。

朗读下列短语和句子:

everybody is, they all, many of, plenty of
he added, we approached, see if, many other
every afternoon, any emotion, very excited
be a success, stay at home, buy a ticket
who are, to appear, to enable, too easy
no advantage, to a theater, to each student
go out, go inside
The man is about to open the door and go out.
She also wants to see if everything is OK.

常见错误

请与正确读法做对比。
在第二个元音前面加了一个气流堵塞的动作,类似汉语的"爱儿"一词的读法:

> everybody is
> he added
> be a success
> go out

三、关于/r/的连读

/r/又称卷舌音,当它出现在音节末尾时,在英音中一般不发音,在美音中要发音。而在连贯语流中做连读时,如果/r/后面跟有元音,则要把它同后面的元音连起来读出。

> **温馨小贴士:**
> 一开始不熟练时,可把第一个单词结尾的/r/与第二个单词开头的元音作为一个音节清晰、连贯地读出来。熟练之后,要注意/r/要读得轻巧、圆滑,不要读得太重。

对比找不同

请大家先分开读,再试着连起来读,开始练连读时可以慢一点,熟练了再尝试自然的语速。

朗读下列短语和句子:

there is, there are, here is, where is, hear it
are afraid, are eleven, their own, another aspect
for adults, more active, more energy, far away
far advanced, after all, for instance
for example, for a minute, for a taxi
for each person, the number of, the owner of
so far as, the paper industry
I'm neither a thief nor a magician.
He closes the door again.

Your answer is right.

掌握了连读的要领,会使英语语流更加地道流畅,克服"汉语腔"的干扰;并可以大大提高听力水平。

第四章 不完全爆破
(Incomplete Plosion)

不完全爆破的概念

不完全爆破也是英语连贯语流的基本特征之一和中国学生的学习难点之一,指的是在日常说话或朗读时,如果没有特殊的加重语气、故意放缓语速、停顿等,爆破音在其后跟有其他辅音时,失去或部分失去爆破的现象。

> 温馨小贴士:
>   刚开始练习不完全爆破时,会因为不习惯而产生顾虑,怀疑自己读错了或丢掉了原有的音素。要大胆尝试,该"失去"的就要舍得"失去"。

不完全爆破的分类

不完全爆破包括三种基本情况:

 一个爆破音后面跟有另一个爆破音时,第一个完全失去爆破,即只做发音动作而没有气流爆破和声音。如果有三个爆破音在一起,那么前两个都完全失去爆破。

第四章 不完全爆破 (Incomplete Plosion)

对比找不同

朗读下列单词和短语：

elect, active, helped, bookcase, robbed September

keep pace, sit down, take care

stop talking, white terror, black tea

Bob came, hard times, lag behind

dab paint, Red Cross, Big Ben

keep quiet, put down, not bad, quite different

talk big, waste time, shock proof, egg plant

black coffee, good time

locked door, looked back, helped Kate

常见错误

请与正确读法做对比。

由于平时习惯把单词结尾的辅音读得太重，无法做到应该的失去爆破：

    elect

    active

    helped

    locked door

    looked back

二、爆破音后面跟有破擦音（塞擦音）时，这个爆破音也完全失去爆破。

对比找不同

朗读下列单词和短语：

picture, lecture, electric, factory, acts, elects
good chance, traffic jam, make trouble
great changes, cheap jeans, a good try
pink cheeks, sound judgment, bad dream
a second choice, black jacket, silk dress
loud cheers, good child, great joy
pleasant journey, ask Jane, drip-dry
alcoholic drinks
shock treatment
Let chance decide.

常见错误

请与正确读法做对比。

由于平时习惯把单词结尾的辅音读得太重，无法做到应该的失去爆破：

   picture
   traffic jam
   make trouble

第四章 不完全爆破 (Incomplete Plosion)

三、 爆破音后面跟有摩擦音时,这个爆破音基本失去爆破,有时会留有一些轻微的气流爆破。

对比找不同

朗读下列单词和短语:

forgetful, frightful, keep fit, bright future

good friend, complete failure

advice, advance, adventure, advantage

great victory, sweet voice, one-sided view

unexpected visitor, not very

eighth, depth, take three

deep thoughts, a thousand thanks

the right thing, abstract theory

get there, take these, ask them, beg them

mop the floor, jump the queue

folk song, keep silent, bright side, dark side

great success, red star

a big zoo, a bad zipper, the temperate zone

friendship, bookshelf, don't shout

stop short, a good shop, make sure

public show, black sheep, eggshell china, that genre

常见错误

请与正确读法做对比。

由于平时习惯把单词结尾的辅音读得太重,无法做到应有的失去爆破:

forgetful
complete failure
not very
a big zoo

绕口令

> **温馨小贴士：**
> 练习这个绕口令时，把连读和失去爆破的技巧都要用上；先慢慢念，再逐渐加快。

Peter Piper picked a peck of pickled pepper.
A peck of pickled pepper Peter Piper picked.
If Peter Piper picked a peck of pickled pepper,
Where's the peck of pickled pepper Peter Piper picked?

鼻腔爆破

鼻腔爆破是爆破音在连贯语流中的一种特殊情况，指的是当一个爆破音后面跟着鼻音/n/或/m/的时候，气流不通过口腔而通过鼻腔爆破，从而将爆破音和鼻音同时发出。

> **温馨小贴士：**
> 鼻腔爆破的关键在于气流的堵塞点，一方面要按照具体爆破音的要领，用舌头在口腔内的某

第四章 不完全爆破 (Incomplete Plosion)

> 个部位做出堵塞气流的动作,而同时要在鼻咽处堵塞并爆破气流。所以初学者先要找到鼻咽堵塞气流的位置,然后多多练习堵塞—爆破的动作,加强鼻咽爆破的力度。

对比找不同

朗读下列单词和词语:

1. 鼻腔爆破后接元音:

    witness, goodness, sickness, quickness
    midnight, acknowledge, at noon, good night
    dark night, big nose, bad news, stop now
    don't know, white night
    admit, admire, topmost, fragment, cabman
    madman, equipment, development
    excitement, atmosphere
    take mine, help me, rob me, at midnight

2. 鼻腔爆破后面没有元音:

    written, cotton, button, fatten, rotten
    frighten, curtain, certain(ly), Britain
    important, sentence
    pardon, burden, hidden, wooden, forbidden
    sudden(ly), student, couldn't, wouldn't, shouldn't

常见错误

请与正确读法做对比。

在连贯语流中,爆破音后跟鼻音时,如果按正常的口腔

爆破,那么爆破音和鼻音之间空隙就显得太大,不够连贯:

goodness
admit, admire
midnight, at midnight
don't know

 舌侧爆破

舌侧爆破也是爆破音在连贯语流中的一种特殊情况,指的是当一个爆破音后面跟着一个旁流音/l/的时候,舌尖从始至终顶住上齿龈,使气流从舌头两侧爆破,从而将旁流音和爆破音同时发出。

温馨小贴士:

做舌侧爆破时,先将舌尖顶住上齿龈不动,再按照具体爆破音的要领发爆破音。这样就把/l/和爆破音"粘合"在了一起,使语流连贯顺畅。一定要多多练习,体会气流从舌侧爆破的感觉。

朗读下列单词和词语:

1. 舌侧爆破后接元音:

lately, immediately, thoughtless, heartless
outline, Atlantic, Hitler, at last, at leisure
at lunch, front line, short life, a bit late
sadly, badly, oddly, hardly, loudly, friendly

第四章　不完全爆破 (Incomplete Plosion)

proudly, rapidly, secondly, red light
good luck, third lesson, bad luck, red letter

2. 舌侧爆破后没有元音：

little, bottle, kettle, battle, mettle, mantle
hurtle, rattle, settle, cattle, mottle, subtle, title
gentle, startle, brittle, throttle, fettle, turtle, belittle
nettle, shuttle, middle, cradle, noodle
meddle, riddle, saddle, handle, peddle, fiddle, candle

常见错误

请与正确读法做对比。

在连贯语流中，爆破音后跟旁流音时，如果按正常的舌尖或舌后部爆破，那么爆破音和旁流音之间空隙就显得太大，不够连贯：

lately
loudly
friendly
at lunch
front line
short life
a bit late

不完全爆破的好处

掌握了不完全爆破的要领，会使英语语流更加地道流畅，克服"汉语腔"的干扰；还可以大大提高听力水平。

第五章　元音的长度
(Length of Vowels)

 元音长度的决定因素

英语元音的长度，除了元音本身的性质因素（即长的单元音及双元音较长，短的单元音较短），还受后面所跟辅音的影响。简单来说，浊辅音使前面的元音变长，而清辅音使前面的元音变短。

综合所有决定因素，以下面一组对比词为例：

bee—bead—beat—bid—bit

其中 bee 与 bead 长度相当，为最长；beat 与 bid 长度相当，比前面两个稍短；最后一个 bit 最短促。

> **温馨小贴士：**
> 把有条件允许延长的单词有意拖长一点，宁长勿短！还要有意识地提高听觉对元音长度的敏感，要能自己听出长短区别。

第五章 元音的长度 (Length of Vowels)

对比找不同

朗读下列单词和短语,注意区分元音的长短:

bee, bead, beat, bid
do, food, boot, good
car, card, cart, mud
caw, cord, caught, cod
her, heard, hurt
play, played, plate
boy, noise, voice
row, road, wrote
tie, tide, tight
cow, loud, shout
fear, fears, fierce
scare, scared, scarce

朗读下列句子:

There are some geese in the pond.
The bear can ride a bike and the dog can walk and dance.
A cow and a calf are a family.
Look at this new building! It's our meeting hall.
Gao Wei goes to the music room.
She goes back to the sitting room and feels a knob on the television set.
We have known some of the most important facts of European history from the records that were kept on parchment.
By the middle of the 21st century, if present trends continue,

we will have used up all the oil that drives our cars, for example.
But this paper was not made from wood of trees.

常见错误

请与正确读法做对比。

语流中每个音节的长度都差不多,尤其是长音不够长:
There are some geese in the pond.
She goes back to the sitting room and feels a knob on the television set.
But this paper was not made from wood of trees.

特别提示

有关表示名词复数或第三人称单数的 s 的发音

s 在清辅音后面发音为清辅音 /s/,而在浊辅音后面和元音后面发音为浊辅音 /z/。例如:

books, ropes, boots
rooms, fields, goes, roses

元音长度很重要

掌握元音的长度规律对于提高英语语流的节奏感非常重要。我们中国学生因受母语——汉语的影响,有人会习惯于把语流中所有单词念成相同的长度,听上去节奏非常单调。所以我们要树立元音长度的概念,结合重音和语调关系,使语句听上去具有长短、轻重、高低交替的节奏和韵律感,更加优美地道。

第六章　重读与非重读
(Stress and Unstress)

重读的含义

英语中的重读音节不仅仅要读得"更用力",听上去还要比非重读音节"音频更高"、"更响亮"。

重读的分类

重读包括词重音和句重音(包括词组与短语重音)两个层面。

句子中重读与非重读的词类特征：

一般情况下,名词、动词(包括各种形式)、形容词、大多数副词、指示代词、特殊疑问词、较长的介词和连词需要重读；而冠词、大多数代词、动词be、单音节介词和连词、助词等一般需要非重读。但具体情况中也有例外存在,我们后面会讲一些特例。

> **温馨小贴士：**
> 要想念出重音和非重音的区别，首先要有灵敏的耳朵听出区别。另外在查词典时一定要留意多音节生词的重读符号在哪里，不应随意乱念。

对比找不同

朗读下列单词、短语和句子，仔细体会重音（以左上角竖点标记）、次重音（以左下角竖点标记）与非重音的区别。

一、词重音

1. `able—a`bility
   `advertise—ad`vertisement
   `tempt—temp`tation
   `magic—ma`gician
   `history—his`torical
   e`lectric—ˌelec`trician—ˌelec`tricity
   `Europe —ˌEuro`pean
   `politics —ˌpoli`tician
   `probable —ˌproba`bility

2. `football, `basketball
   `stonebridge
   `roofgarden
   `greenhouse

二、句(词组、短语)重音

1. at `once, at `first, by `night, for `sale, in `fact, on `time, an `end, the `rest, the `east, her `hat, our `walks, I'm `sure, he `wept, they `slept

2. `last `year, `big `shops, `home `town, `turn `back, `wake `up, `find `out, `make `sure, `sit `down

3. my `office, the `English, an `angle, pre`tend to, for `lack of, at `present, he `added

4. a `holiday, the `animal, the `post office, their `families, for `foreigners, on `Saturday, in `order to, in `favor of, a`head of them, be`lieve in him

5. `after `all, `brings them `back, `other `parts, `never `mind, `eating `out, `give a`way, `go to `church, `once a `week, `groups of `flies, `boys and `girls

6. `anything `else, `ninety `degrees, `dead and a`live, `most of their `time, `throw them a`way, `started her `job, `lie in the `sun, `knock at the `door, `something was `wrong

7. be `comfortable, are `necessary, are `reasonable, the `dictionary, a `primary school

8. the `light of `love, my `second `week, a `set of `rules, in `all my `life, my `teacher `came

9. po`tatoes and `rice, the `use of the `word, in `front of the `king, to `take them to `town

10. `people in the `news, `many of the `men, `far into the `night, `telling you the `way, `waiting for the `bus, `visited a `place

11. em`barrassing re`sults, ar`rangements to be `made, a `stranger to the `town, the `biggest in the `land, the `paper that is `made, I'm `leaving for the `States.

12. re`corded `history, a`nother `second, the `Middle `Ages, its `brilliant `content, like `many `students, in `all di`rections, I'm `not com`plaining. He `met a `writer.

13. `Children in `England `often have `pets. `Everyone `loves a `puppy or a `dog. The `Queen of `England has `two `small `dogs.

14. `Goldfish are `popular `pets for `children in `China. `Goldfish have `beautiful `tails. They `live in a `fish tank.

15. My `name is `Betty. I `come from A`merica. I `like my `school and I `like my `studies.

16. To`day in `Finland, which `makes the `best `paper in the `world, the `paper industry is the `biggest in the `land.

17. `Fats are `also `energy-giving `foods but do `not `give it `up as `quickly as the `sugars and `starches as they `have to be `broken `down in the `liver and `made into `sugar be`fore they can be `burnt by the `body.

记住一些特例

1. 当几个重读音节(词)连在一起的时候,为了节奏上要比较"舒服",有些重音会被弱化,例如:

第六章 重读与非重读 (Stress and Unstress)

(1) Eat <u>this</u> apple.（指示代词未重读）

(2) Who's <u>that</u> young man?（指示代词未重读）

(3) I borrowed <u>this</u> book for you.（指示代词未重读）

(4) Two little boats <u>sail</u> on again.（动词未重读,为了照顾儿歌的节奏）

2. 当一个词在短时间内被重复提到时,一般就不再重读了,例如:

(1) —Please write with a pencil.

　　—I haven't got a <u>pencil</u>.

(2) —Here is forty dollars.

　　—Twenty <u>dollars</u> is enough.

(3) —Which one do you want?

　　—The blue <u>one</u>.

3. 当一个词语出现在句子或语法结构末尾时,或是在意思上不很重要时,就不必重读,例如:

(1) The girl is a friend of <u>mine</u>.

(2) Wait a <u>minute</u>.（此处意思并不是整整一分钟）

(3) I must go <u>now</u>.

(4) Why don't you ask <u>someone</u>?

(5) Stop oh-dearing and do <u>something</u>!

(6) When do you get up <u>everyday</u>?

(7) Life was difficult <u>in those days</u>. We often had no food <u>to eat</u>.

(8) After his parents died, he was all alone <u>in the world</u>.

(9) She's wearing a new hat <u>on her head</u>.

4. 人称代词后面跟着同位语时,非重读变为重读,例如:

(1) `We Chinese people are peace-loving.

(2) `We, my brothers and sisters, we want to see you.

5. 情态动词一般情况下不重读，但我们经常会用情态动词表示强烈的语气，就需要重读。例如：

(1) He `may come to the meeting.（突出可能性，重读）

(2) She `must be tired.（突出可能性，重读）

(3) She `must have gone.（突出可能性，重读）

(4) It `can't be 10 o'clock!（语气强烈，重读）

6. 介词一般不重读，但在下列情况中例外：

(1) We walked past the library. —We walked `past it.

(2) He ran round the garden. —He ran `round it.

(3) Jack found a knife. `With it we cut off the rope.

(4) What's it `for? What `for?

(5) —I must go now.

　　—Where `to?

(6) Are you `for or `against the proposal?

温馨小贴士：

英语中的重读、非重读原则，主要依据的是语义，其次还有节奏等因素的影响。其实道理很简单，就如同我们说汉语一样：你想强调的主要信息是什么，就重读什么。

第七章 弱读式 (Weak Forms)

什么是弱读式

弱读式与上一篇"重读与非重读"密切相关。那些一般情况下非重读的词（即功能词或称语法词），几乎都有两种读法：强读式和弱读式。在连贯语流中，非重读词经常采取弱读式，即词中的元音被弱化（多数弱化为英语中最省力的音/ə/），甚至有些情况下会消失，只有在少数特殊情况下才用强读式。

> **温馨小贴士：**
> 弱读式是我们中国学生普遍忽略的一个重要现象。我们在学习单个单词时，当然念的都是强读式，但如果放在连贯语流里，大部分功能词几乎都要用弱读式，读音与强读式区别很大！

哪些词有弱读式

下面列出一些与强读式区别较大、对语流影响较明显、平时练习中又容易忽略掉的弱读形式：

am /əm, m/
例如：I am a student. I'm a student.

an /ən/

例如：Give him an apple. This is an old lady.

and /ənd, ən, nd, n/

例如：She has her hat and coat on and is just about to open the door.

as /əz/

例如：as soon as; She's as tall as I am.

at /ət/

例如：He knocks at the door.

can /kən, kn/

例如：What can I do for you?

could /kəd/

例如：It could have been worse.

for /fə/

例如：I bought a book for Mary.

from /frəm/

例如：She is from England.

助词 had /həd, əd/

例如：I had done a lot to help him.

助词 has /həz, əv/

例如：He has finished his homework.

助词 have /həv, əv/

例如：What have you done with the book?

of /əv/

例如：She is a friend of mine.

shall /ʃəl/

例如：We shall work out a plan soon.

第七章 弱读式 (Weak Forms)

should /ʃəd/

例如：The boy should have made up for it.

than /ðən/

例如：This is more than I can bear.

连词 that /ðət/

例如：Do you know that John has got married?

would /wəd/

例如：If I were you, I would do so.

常见错误

请与正确读法做对比。

把应该弱读的音节读成强读：

Give him an apple.

He knocks at the door.

I bought a book for Mary.

She is from England.

对比找不同

朗读下列句子，注意弱读形式的应用。

1. Here is <u>an</u> example <u>of</u> what <u>can</u> happen in such cases.
2. She goes back to the front door <u>and</u> opens it.
3. She looks <u>at</u> the sky, and then looks back at the house.
4. I suppose I <u>can</u> catch the next train.
5. I may catch it with a bit <u>of</u> luck.
6. They thought <u>that</u> the man was deceiving them.
7. They looked <u>at</u> each other with surprise.

8. Nor <u>am</u> I <u>an</u> educated man.
9. I noted <u>that</u> the man must be blind.
10. We <u>have</u> learned some <u>of</u> the facts <u>from</u> these records.
11. China still has pieces <u>of</u> paper which were made <u>as</u> long ago <u>as</u> that.
12. He found out <u>that</u> one could make the best paper <u>from</u> trees.
13. Paper is very good <u>for</u> keeping you warm.
14. Children need more proteins <u>than</u> adults.
15. His bones do not harden so <u>that</u> he begins to walk late.
16. He said by the middle <u>of</u> the century, we <u>would</u> <u>have</u> used up all the oil <u>that</u> drives our cars.
17. We <u>could have</u> done it in a better way.
18. We <u>should</u> go on until we see the results.
19. He thinks <u>that</u> we shall get rid <u>of</u> it soon.
20. These are not real, big houses <u>for</u> people to live in.

记住一些特例

1. 一般在语流中要弱读的词,当因为某种语义上的关系需要重读时,就必须用强读式,例如:

—Why not try?

—I `<u>have</u> been trying.(强调语气)

—They told me he was here. I doubt that.

—He `<u>was</u> here this morning. I saw him.(强调语气)

The letter is `<u>to</u> him, not `<u>from</u> him.(突出对比)

`<u>I</u> am not angry. `<u>You</u> are.(突出对比)

Why ask `<u>me</u>? Ask `<u>her</u>.(突出对比)

第七章 弱读式 (Weak Forms)

She travels `to and `from London a lot.（突出对比）

2. 一些通常弱读的词,当它们出现在句尾或语法结构末尾时,要用强读式,但一般还是不重读的。例如:

What are you looking <u>at</u>?

Who are you talking <u>to</u>?

Who are you waiting <u>for</u>?

I don't want <u>to</u>.

That's what I am thinking <u>of</u>.

It's somebody I've heard <u>of</u>.

Ann has been written <u>to</u> twice.

Who's interested in this? I <u>am</u>.

Who's got it? I <u>have</u>.

She can run much faster than I <u>can</u>.

He was stronger than I <u>was</u> at that time.

We don't smoke, but they <u>do</u>. /but Tom <u>does</u>.

弱读式很重要

掌握了弱读式的应用,不仅可以大大提高英语语流的节奏感的流畅程度,对英语听力也有很大帮助。

第八章　语调(Intonation)

 英语是语调语言

英语是一种语调语言,而我们的母语——汉语是一种声调语言。在汉语普通话里,一句话中的每个字都有自己独立的声调(四声),这个声调一旦改变,这个字的字义(甚至字本身)就会改变。而英语的语调并不意味着一句话中每个词都有自己的调,通常是一句话(或一个分句)有一个核心语调;语调的变化不能改变词的字面意义,但可以表达不同的情感、态度等隐含意义。

 语调学习要领

语调是通过说话者声音音频的高低起伏变化来实现的,主要体现在句子内重读音节之间的高低梯度差别,而处于重读音节之间的非重读音节,则作为附属的过渡环节,跟随重读音节的起伏变化。所以学习语调的前提,是认清句子内的重读音节。

比如:降调的意思就是从句子的第一个重读音节开始,依次递降,在最后一个重读音节下滑降落到最低点。升调的意思就是从句子的第一个重读音节开始,依次递降,在最后一个重读音节上平滑轻巧地回升。

第八章 语调(Intonation)

> 温馨小贴士:
> 语调学习的关键,是模仿、模仿、再模仿——细心体会,大胆模仿。

 英语的核心语调

英语有7种核心语调,以下面7组对话中的回答句子为例:

1. —Would you like one packet, or two?
   —Two↘, please.(低降调,表示普通的肯定语气,或话已说完。)

2. —How many shoes are there in a pair?
   —Two↘, you silly fool.(高降调,表示更强烈的情感或态度,不如低降调常用。)

3. —How many tickets do you need to buy?
   —Two↗, I think?(低升调,表示普通的疑问或犹豫、不肯定的语气,或话还未完。)

4. —I've made two mistakes.
   —Only two↗?(高升调,表示更强烈的质疑或惊讶语气,不如低升调常用。)

5. —I know you've got one brother.
   —Two ∨.(降升调,表示客气的反对或修正,有时也表示有保留的赞同。)

6. —Do you know that John has two wives?
   —Two ∧?!(升降调,不常用,表示震惊或其他强烈的情感、态度。)

7. —How many tickets would you like?
   —Two—...three, please.（平调，一般表示犹豫的语气。）

> **温馨小贴士：**
> 这7种核心语调中，低降调、低升调、降升调是日常会话中比较常用的语调。

常见句式的语调特征

1. 陈述句：一般用降调。如果是复合句，并列复合句一般在分句结尾用降调；主从复合句如果从属分句在前，可以用降升调或低升调，主句用降调。例如：
   My name is Li Lei↘. I'm in Class 8↗, Grade 3↘.
   I missed the last bus↘, so I had to walk all the way home↘.
   If you study hard∨, you'll certainly pass the exam↘.

2. 特殊疑问句：一般用降调。例如：
   Who's that over there↘? What's in the kitchen↘?
   一般疑问句：一般用升调。例如：
   Are there any students in the classroom↗?
   反意疑问句：前一部分用降调，后一部分用升调表示不确定，需要对方回答，用降调表示确定，要对方附和。例如：
   You haven't been to Hainan↘, have ↗you?
   You'll take a good care↘ of yourself, won't↘ you?

第八章 语调(Intonation)

选择疑问句:在前几个选择项用升调,最后一个选择项用降调;若语气不肯定,最后也可以用升调。例如:

Would you like tea↗, coffee↗, or just water↘(↗)?

3. **祈使句**:如果语气强硬,用降调;如果语气客气礼貌,用升调;如果语气恳切或急切,用降升调。例如:

Keep away from the fire↘(∨)!

Show me your ticket, please↗.

4. **感叹句**:一般用降调,偶尔用升降调。例如:

What a beautiful day↘!

Good heavens∧!

边听边模仿

朗读下列句子,注意降调和升调的使用:

—Hello↘, Mr. Goat. Is this your baby↗?

—No↘, it isn't↘. The kid is my baby↘.

—I see↘. Don't be sad↘, little lamb. I can help↘you.

—Excuse↘me, Mrs. Sheep. Is this your baby↗?

—Oh, yes↘! Where were you∨, my dear?

—I was lost↘. The horse helped↘me.

—Look↘, Lisa. What are these↘? Are they goslings, too↗?

—No↘, they aren't↘. They are ducklings↘.

—A duck can swim↘. Can ducklings swim, too↗?

—Of course↘they can. But they can't swim well↘.

I haven't time to do↘it, so I leave it till tomorrow↘.

He was away from home ↘, so we couldn't get in touch ↘ with him.

As soon as the weather improved ∨, they started climbing the mountain ↘.

Though I don't like ∨ him, I can still be polite ↘.

Whatever your own private feelings ∨ may be, it's best to take his advice ↘.

常见错误

请与正确读法做对比。

给每个词都安上类似汉语的声调：

A duck can swim ↘. Can ducklings swim, too ↗?

整个句子语调平板无起伏：

—Hello ↘, Mr. Goat. Is this your baby ↗?

—No ↘, it isn't ↘. The kid is my baby ↘.

—I see ↘. Don't be sad ↘, little lamb. I can help ↘ you.

—Look ↘, Lisa. What are these ↘? Are they goslings, too ↗?

—No ↘, they aren't ↘. They are ducklings ↘.

语调学习很重要

很多中国学生发现，即使每个单词的发音都很标准，依然很难说出腔调地道的英语，这时的主要问题很可能是语调。英语语调是句子整体的一部分，是在句子内逐渐起伏的，而汉语每个字都有自己的声调。我们要克服母语干扰，例如把句子中每个词都念成降调或平调的读法，才能说出生动优美的英语，摒弃平板无味或夸张别扭的腔调。

第九章 节奏 (Rhythm)

节奏是个综合概念

英语连贯语流的节奏与很多因素有关：元音的长度、重读与非重读、弱读、语调等。富有节奏感的语流优美流畅，感染力强，是英语学习者应该掌握的。节奏训练就像学唱歌一样，每一个节奏群由一个重读音节和几个非重读音节组成（有时也可只由一个重读音节组成），占一拍（拍子落在重读音节上），几个节奏群就组成了具有一个核心语调的语句，其中各拍的长短是大致相等的。这就要求学习者熟悉元音长度规律，掌握重读、非重读技巧，尤其当一拍中含有几个非重读音节时，要能念得轻巧流畅，弱读形式就变得十分重要。

趣味节奏练习

你能把下面几个句子都念成大致相等的两拍吗？

`Ann `came.

`Many `came.

`Many have `come.

`Many of them `came.

`Many of them have `come.

> 温馨小贴士：
> 节奏训练最好的办法是朗诵诗歌，特别是英语儿歌：节奏规律、琅琅上口。平时应该多多练习朗读儿歌，再把逐渐加强的节奏感运用到文章朗读和日常会话中。

打着拍子念

朗读下列儿歌：

1. `One, `two, `three, `four,
   `Come in `please and `shut the `door.
   `Five, `six, `seven, `eight,
   It's `time for `school. You're `very `late!
   `Nine, `ten, `nine, `ten,
   `Don't be `late for `school a`gain!

2. `One, `two, `three, four, `five,
   `Once I `caught a `fish a`live.
   `Six, `seven, `eight, nine, `ten,
   `Then I `let it `go a`gain.
   `Why `did you `let it `go?
   Be`cause it `bit my `finger `so!
   `Which `finger `did it `bite?
   `This little `finger `on the `right!

3. `Two little `boats are `on the `sea,
   `All is `calm as `calm can `be.
   `Gently the `wind be`gins to `blow,

`Two little `boats rock `to and `fro.
`Loudly the `wind be`gins to `shout,
`Two little `boats are `tossed a`bout.
`Gone is the `wind, the `storm, the `rain,
`Two little `boats sail `on a`gain.

英语处处有节奏

朗读下列句子,注意体现节奏感:

> **温馨小贴士:**
> 重读非重读、元音的长短、功能词的弱读式都要考虑到!

`Write it `down.
I `want to `know.
`Put it on the `shelf.
`Don't be `such a `fool.
They've `cleaned the `blackboard.
He `goes to `work on `foot.
I `think that he `wants us to `go.
You `shouldn't have `left it to `Jane.
I `shouldn't have `thought that he could `get there in `time.

常见错误

请与正确读法做对比。

把每个音节的长度都念得很平均:
`Put it on the `shelf.
`Don't be `such a `fool.
You `shouldn't have `left it to `Jane.
I `think that he `wants us to `go.

节奏很重要

当然,非诗歌的文体不会具有诗歌那样均匀的节奏模式,但道理是相同的。只要综合运用我们前面学到的知识,就能够训练出节奏鲜明、富有韵律的英语语流。